AI 정밀 의료와 맞춤형 치료

AI문고

인공지능 시대입니다. 기계가 인간의 인지를 대신하고, 사물이 인간을 통하지 않고 다른 사물과 직접 커뮤니케이션합니다. 이에 따른 인간 삶과 문명 변화를 정확히 이해 · 예측 · 대응하는 것은 이 시대 우리 모두의 과제입니다. AI문고는 인공지능 기술과 환경의 여러 주제를 10가지 키워드로 정리합니다. 관련 개념과 이론, 학계와 산업계의 쟁점, 우리 일상의 변화를 다룹니다. 인간과 기술의 현재, 미래를 세심히 분석합니다.

일러두기

- 인명, 작품명, 저서명, 개념어 등은 한글과 함께 괄호 안에 해당 국가의 원어를 병기했습니다.
- 외래어 표기는 현행 어문규정의 외래어표기법을 따랐습니다.

처음이세요?

전문가세요?

지금, 큐알 찍으면

- AI 입문서 바로 선물
- 당신만의 필독서 추천
- 500권 요약본 공짜
- 오디오북 무료 사용

AI 정밀 의료와 맞춤형 치료

고범석

대한민국, 서울, 커뮤니케이션북스, 2025

AI 정밀 의료와 맞춤형 치료

지은이 고범석
펴낸이 박영률

초판 1쇄 펴낸날 2025년 7월 31일

커뮤니케이션북스(주)
출판 등록 2007년 8월 17일 제313-2007-000166호
02880 서울시 성북구 성북로 5-11
전화(02) 7474 001, 팩스(02) 736 5047
commbooks@commbooks.com
www.commbooks.com

ISBN 979-11-430-0900-5 03500

책값은 뒤표지에 표시되어 있습니다.

차례

AI와 정밀 의료의 새로운 지평

의료의 역사는 인류의 생존과 번영을 위한 끊임없는 혁신의 연속이었다. 고대부터 현대에 이르기까지 우리는 질병을 이해하고 치료하기 위해 다양한 도구와 지식을 발전시켜 왔다. 그러나 21세기에 접어들며 우리는 기술적 대전환의 시대를 맞이하고 있다. 특히 AI와 정밀 의료(Precision Medicine)의 융합은 단순한 기술적 진보를 넘어, 의료 패러다임을 근본적으로 재정의하는 혁명적 변화를 가져오고 있다.

이 책은 AI가 어떻게 유전체 분석, 질병 예측, 맞춤형 치료, 그리고 의료 접근성 향상에 기여하는지 알아보고, 동시에 이로 인한 데이터 보안, 윤리적 문제, 기술적 한계를 극복하기 위한 방안을 모색하는 여정을 담고 있다.

AI와 정밀 의료, 개인화된 의료의 새 시대

정밀 의료란 환자의 유전체 정보, 생활 습관, 환경적 요인을 통합하여 맞춤형 진단과 치료를 제공하는 의료 패러다임을 의미한다. 정밀 의료는 모든 환자가 동일한 치료를 받는 전통적 접근에서 벗어나, 각 개인의 유전적, 환경적, 생활 습관적 특성을 반영한 맞춤형 의료를 제공하는 것을 목표로 한다. 그러나 이러한 이상은 방대한 데이터와 복잡한 분석 없이는 실현 불가능한 꿈에 불과했다.

AI의 등장은 이 꿈을 현실로 바꾸는 결정적 전환점이 되었다. AI는 유전체 데이터, 전자의무기록(EMR), 웨어러블 기기에서 수집된 실시간 건강 정보 등 대규모 데이터를 효율적으로 처리하고, 이를 기반으로 질병 예측, 조기 진단, 최적 치료법 선정을 가능하게 한다.

AI는 유전체 정보를 분석해 기존 의료 방식으로는 놓칠 수 있는 부작용의 가능성을 줄이고, 환자별 최적화된 치료법을 제안할 수 있다. 이는 단순히 치료의 정확성을 높이는 데 그치지 않고, 의료비 절감과 환자 관리 효율성 개선으로 이어진다.

AI와 유전체 분석의 융합은 특히 개인 맞춤형 의료의 핵심 동력으로 작용한다. 질병은 유전적 요인과 환경적 요인의 복잡한 상호 작용으로 발생하며, 기존의 '일률적' 의료는 이러한 개인 차이를 충분히 반영하지 못했다. AI는 유전체 데이터를 분석해 각 환자에게 최적화된 치료 경로를 제시하며, 부작용을 최소화하고 치료 효과를 극대화한다. 유전체 데이터의 방대함과 복잡성을 효율적으로 처리함으로써 질병 원인을 모델링하고 예측 정확도를 높일 수 있음을 보여 준다.

더 나아가, AI는 원격지에서도 고품질 의료 서비스를 제공하고, 분석 비용을 절감함으로써 글로벌 의료 형평성에 기여한다. AI 기반 유전체 진단은 더 많은 사람들에게 접근 가능성을 제공하며 지역적·경제적 장벽을 허물고 있다.

혁신의 현장, AI의 응용과 기술적 도약

AI와 정밀 의료의 융합은 이미 다양한 분야에서 혁신적 응용 사례를 낳고 있으며, 의료의 패러다임을 근본적으로 변화시키고 있다.

첫째, 질병 예측 및 조기 진단에서 AI는 유전체 데이터를 정밀하게 분석하여 유방암, 알츠하이머병, 심장 질환과 같은 주요 질환의 발병 위험을 사전에 예측하고 조기 진단의 정확도를 획기적으로 높이고 있다. 이는 환자들이 질병이 발병하기 전에 예방적 조치를 취할 수 있도록 돕는 중요한 역할을 한다.

둘째, 맞춤형 약물 치료는 개인의 유전체 정보와 생체 데이터를 바탕으로 약물 반응성을 예측함으로써 부작용을 최소화하고, 각 환자에게 가장 적합한 치료법을 설계하여 치료 효과를 극대화한다.

셋째, 희귀 질환 진단 분야에서 AI는 복잡한 유전적 변이를 신속히 식별하고, 이를 기반으로 맞춤형 치료법 개발을 지원하여 희귀 질환 환자들에게 새로운 희망을 제공하고 있다. 이는 특히 기존 의료 체계에서 소외되었던 환자들에게 큰 기여를 하고 있다.

마지막으로, 개인 맞춤형 건강 관리와 질병 예방 전략은 유전체 데이터뿐만 아니라 생활 습관, 환경적 요인까지 통합적으로 분석하여 예방적 접근을 한층 강화하고, 개인의 건강 상태에 최적화된 장기적인 건강 관리 플랜을 제시한다.

이러한 혁신의 배경에는 놀라운 기술적 도약이 자리잡고 있으며, 이는 AI와 정밀 의료의 융합을 더욱 가속화하고 있다. 차세대 염기 서열 분석(NGS) 기술과 단일 세포 분석 기술은 유전체 데이터를 이전보다 훨씬 빠르고 정밀하게 처리할 수 있게 함으로써 대규모 데이터 분석의 기반을 마련했다. 여기에 심층 학습(Deep Learning), 자연어 처리(NLP), 컴퓨터 비전과 같은 AI 기술의 비약적인 발전이 더해져, 방대한 의료 데이터의 분석 정확도와 신뢰도를 획기적으로 향상했다. 또한 빅데이터 기술과 클라우드 컴퓨팅의 발전은 데이터 처리 속도와 효율성을 극대화하여, 실시간으로 의료 의사(意思) 결정을 내릴 수 있는 환경을 조성했다. 이러한 기술적 진보는 AI가 단순한 분석 도구를 넘어 의료 현장에서 신뢰할 수 있는 '동반자'로 자리 잡게 하는 핵심 원동력으로 작용한다. 더 나아가 이러한 기술들은 의료 접근성을 높이고, 전 세계적으로 의료 자원의 불균형 문제를 해결하는 데도 기여할 잠재력을 가지고 있으며, 향후 의료의 디지털 전환을 더욱 가속화할 것으로 기대된다.

희귀 질환과 정밀 의료, AI가 여는 희망의 문

희귀 질환은 전 세계적으로 3억 명 이상의 사람들에게 영향을 미치며, 이들 중 많은 이들이 진단과 치료 과정에서 오랜 시간과 막대한 비용을 감당해야 하는 어려움을 겪고 있다. 이러한 상황에서 AI는 희귀 질환 분야에서 혁신적이고 획기적인 가능성을 제시하며 새로운 희망을 열고 있다.

AI는 유전체 데이터 분석을 통해 희귀 질환의 약 80%를 차지하는 유전적 요인을 신속하고 정확하게 식별함으로써 조기 진단의 정확도를 높이고, 진단에 소요되는 시간을 대폭 단축한다. 예를 들어 디프게슈탈트(Deep-

Gestalt)와 같은 첨단 AI 기술은 단순히 얼굴 사진을 분석하는 것만으로도 91%라는 놀라운 정확도로 희귀 질환을 진단해 내는 성과를 보여 준다(Nishat et al., 2025).

또한 AI는 빅데이터와 머신 러닝 기술을 활용하여 개개인의 유전적 특성에 맞춘 맞춤형 치료법을 설계할 뿐만 아니라, 약물 재창출 전략을 통해 기존에 개발된 약물을 희귀 질환 치료에 새롭게 적용함으로써 신약 개발에 드는 기간과 비용을 획기적으로 줄이고 있다. 더 나아가, 유전자 및 세포 치료 분야에서 AI는 크리스퍼(CRISPR)와 같은 최첨단 유전체 편집 기술과 결합하여 편집 과정의 정밀도를 높이고, 치료의 안전성과 효과를 극대화하는 데 기여하고 있다. 이는 특히 기존 의료 기술로는 해결이 어려웠던 복잡한 유전적 이상을 교정하는 데 큰 전환점을 제공한다.

그러나 희귀 질환 연구와 AI의 임상적 적용에는 여전히 여러 가지 중요한 과제가 남아 있다. 우선 희귀 질환의 특성상 데이터가 부족하고 분산되어 있어 AI 모델의 학습과 성능 최적화에 큰 제약이 되고 있다. 이를 극복하기 위해 표준화된 데이터 공유 플랫폼의 구축과 데이터 보안을 강화하는 기술적 설루션이 절실히 요구된다. 또한 AI 모델의 높은 복잡성으로 인해 의사 결정 과정의 투명성이 부족하고, 의료진 및 환자들로부터 신뢰를 확보하는 데 어려움이 존재한다. 이러한 문제를 해결하기 위해 설명 가능한 AI(XAI) 기술을 적극적으로 도입하여 AI의 판단 근거를 명확히 제시하고, 윤리적 기준과 가이드라인을 마련하는 것이 필수적이다. 이와 더불어 의료진과 환자 모두를 대상으로 한 체계적인 교육 프로그램이 필요하며, 이를 통해 AI 기술 활용 역량을 강화하고 개인정보 보호와 관련된 우려를 해소해야 한다. 마지막으로, 희귀 질환 환자들의 다양한 배경과 특성을 고려한 맞춤형 접근법을 개발하고, 전 세계적으로 데이터와 자원을 통합하는 국제적 협력 체계가 구축되어야 AI의 잠재력을 극대화할 수 있을 것이다. 이러한 노력들이 결합된다면, AI는 희귀 질환 치료의 새로운 지평을 열고 더 많은 환자들에게 실질적인 도움을 줄 수 있을 것이다.

데이터 통합과 정밀 의료의 미래

현대 의료는 디지털 혁신의 물결을 타고 점점 더 정밀 의료의 방향으로 빠르게 진화하고 있다. 환자들은 전자의무기록, 웨어러블 기기, 유전체 데이터, 그리고 기타 다양한 소스에서 생성되는 방대한 데이터를 통해 자신의 건강 상태를 다각적이고 심층적으로 파악할 기회를 얻는다. AI는 이러한 이질적이고 복잡한 데이터를 통합하고 정교하게 분석함으로써 질병의 조기 예측과 개인 맞춤형 치료를 가능하게 하는 핵심 기술로 자리 잡고 있다. 예를 들어 중환자 및 응급 의학 분야에서 AI는 실시간 데이터 분석을 통해 패혈증의 조기 징후를 예측함으로써 사망률을 획기적으로 감소하는 데 기여하고 있다. 또한 종양학 분야에서는 유전체 데이터와 임상 데이터를 통합하여 비소세포폐암 및 유방암과 같은 주요 암종에 대해 환자 개개인의 특성에 최적화된 맞춤형 치료 전략을 설계하고 지원하는 데 큰 역할을 하고 있다. 이처럼 AI는 단순히 데이터를 분석하는 도구를 넘어 의료 현장에서 환자 중심의 의사 결정을 강화하는 강력한 동반자로 기능하고 있다.

그러나 이러한 기술적 진보에도 불구하고, 정밀 의료의 완전한 실현을 위해서는 여전히 여러 가지 주요 과제가 해결되어야 한다. 첫째, 데이터 표준화의 문제는 서로 다른 시스템과 플랫폼에서 생성된 데이터를 일관성 있게 통합하는 데 큰 장애로 작용하고 있다. 둘째, 개인정보 보호는 환자 데이터의 안전한 관리와 활용을 보장하기 위해 반드시 해결해야 할 핵심 이슈로, 데이터 유출이나 오용에 대한 우려를 해소할 강력한 보안 체계가 필요하다. 셋째, AI 모델의 편향성 문제는 학습 데이터의 불균형이나 편파성으로 인해 잘못된 진단이나 치료 권고로 이어질 수 있어, 공정성과 신뢰성을 확보하기 위한 지속적인 개선이 요구된다.

이러한 과제들을 해결하기 위해 연합 학습(Federated Learning)과 같은 분산형 데이터 분석 기술, 설명 가능한 AI 기술을 통한 의사 결정 과정의 투명성 강화, 의료 데이터 표준 규격인 파이어(FHIR, Fast Healthcare Interoperability Resources)와 같은 표준화 프로토콜의 도입이 필수적이다. 더 나아가 의료 데이터의 상호 운용성을 높이기 위한 글로벌 협력과 정책적 지원, 그리고 의료진 및 환자 모두를 대상으로 한 디지털 리터러시 교육이 병행되어야 한다. 이처럼 다각적인 노력을 통해, 데이터 통합의 장벽이 허물어지고, 정밀 의료가 모든 이들에게 공평하게 제공되는 미래를 앞당길 수 있을 것이다.

약물 개발과 정신 건강: AI의 확장된 역할

AI는 약물 개발 분야에서 혁신적이고 전례 없는 변화를 일으키며 의료 산업의 패러다임을 전환하고 있다. 전통적인 신약 개발 과정은 평균적으로 10~15년이라는 긴 시간과 약 26억 달러에 달하는 막대한 비용을 요구하며, 높은 실패율로 인해 제약사들에게 큰 부담으로 작용해 왔다(Buntz, 2023). 그러나 AI는 약물 재창출(drug repurposing)과 정밀 의료(personalized medicine) 접근법을 통해 이러한 병목 현상을 효과적으로 해결하고 있다. 예를 들어 코로나19(COVID-19) 치료제로 사용된 바리시티닙(baricitinib)은 AI 기반 예측 기술을 통해 기존 약물의 새로운 효능을 발견하고, 임상적으로 그 효과가 입증된 대표적인 사례다. 또한 구글 딥마인드(DeepMind)의 알파폴드(AlphaFold)와 같은 최첨단 기술은 단백질 구조를 고도로 정밀하게 예측함으로써 신약 개발의 초기 단계인 타깃 식별과 약물 설계 과정을 대폭 단축하고, 비용 효율성을 극대화한다. 이처럼 AI는 신약 개발의 시간적, 경제적 장벽을 낮추며, 더 많은 환자들에게 혁신적인 치료 옵션을 신속히 제공할 가능성을 열고 있다.

AI는 정신 건강 분야에서도 조기 감지와 맞춤형 치료 방식을 혁신적으로 변화시키며 중요한 역할을 수행하고 있다. 세계보건기구(WHO)에 따르면, 2021년 기준 전 세계적으로 우울증을 앓고 있는 환자는 약 2억 8천만 명에 달하며, 이는 정신 건강 문제의 심각성을 보여 주는 지표이다(World Health Organization, 2023). AI는 음성 패턴, 표정 변화, 생체 신호(심박수, 수면 패턴 등)와 같은 다양한 데이터를 분석하여 우울증이나 자살 위험과 같은 정신 건강 문제를 조기에 탐지하는 데 탁월한 성과를 보인다. 예를 들어 AI 알고리즘은 미묘한 언어적 단서나 비언어적 신호를 포착하여 인간 전문가조차 놓칠 수 있는 위험 징후를 식별해 낸다. 또한 디지털 치료제(DTx, Digital Therapeutics)나 AI 기반 챗봇은 24시간 내내 접근 가능한 심리적 지원을 제공하며, 익명성을 보장함으로써 기존의 전통적 치료 방식이 가진 접근성과 낙인의 한계를 보완한다(Farvolden, 2024). 더 나아가 AI는 개개인의 정신 건강 상태와 필요에 맞춘 개인화된 치료 계획을 설계하고, 지속적인 모니터링을 통해 치료 효과를 극대화하는 데 기여하고 있다. 이러한 기술들은 특히 정신 건강 서비스가 부족한 지역이나 자원이 제한된 환경에서 더욱 큰 가치를 발휘하며, 전 세계적으로 정신 건강 격차를 줄이는 데 중요한 역할을 할 것으로 기대된다.

암 치료와 웨어러블 기술: 정밀 의료의 확장

암 치료 분야에서 AI는 혁신적인 기술을 통해 면역 치료 반응 예측, 개인 맞춤형 암 백신 설계, 그리고 다양한 소스의 통합 데이터 분석을 수행하며 완전히 새로운 패러다임을 열어 가고 있다. 특히 스코피오(SCORPIO)와 같은 첨단 AI 모델은 21개에 달하는 다양한 암종에서 치료 반응과 환자의 생존율을 예측하는 데 탁월한 성능을 발휘하며, 기존의 전통적인 검사 방법들을 훨씬 초월하는 정확성과 신뢰성을 제공한다(Yoo et al., 2025). 이러한 AI 기술은 환자 개개인의 유전적 특성과 질병 진행 상태를 고려하여 최적화된 치료 전략을 설계하는 데 핵심 역할을 하며, 이를 통해 치료 효과를 극대화하고 부작용을 최소화하는 방향으로 암 치료의 질을 한 단계 끌어올리고 있다. 아울러 AI는 방대한 임상 데이터와 유전체 데이터를 통합적으로 분석함으로써 이전에는 발견되지 않았던 새로운 치료 표적을 식별하고, 개인화된 치료법 개발을 가속화하는 데 기여하고 있다.

이와 더불어 웨어러블 기기와 원격 의료 기술의 눈부신 발전은 실시간 건강 데이터 수집 및 분석을 가능하게 하며, 개인화된 건강 관리의 새로운 지평을 열고 있다. 예를 들어 애플 워치의 에피워치(EpiWatch) 앱은 간질 환자의 발작을 실시간으로 감지하여 적시에 경고를 보내고 필요한 도움을 제공함으로써 환자의 안전과 삶의 질을 크게 향상한다. 이와 유사한 다양한 웨어러블 기기들은 심박수, 수면 패턴, 활동량 등 중요한 생체 신호를 지속적으로 모니터링하여 건강 상태의 변화를 즉각적으로 포착하고, 이를 기반으로 맞춤형 건강 관리 조언을 제공한다. 또한 AI 기반의 원격 환자 모니터링 시스템은 특히 의료 자원이 부족한 농촌 지역이나 접근성이 낮은 환경에서 의료 격차를 줄이는 데 중요한 기여를 한다. 이러한 기술은 환자들이 병원에 직접 방문하지 않더라도 지속적인 의료 서비스를 받도록 지원하며, 의료진과의 원격 상담을 통해 신속한 진단과 치료를 가능하게 한다. 이처럼 웨어러블 기술과 AI의 결합은 정밀 의료를 일상 속으로 확장하며, 환자 중심의 의료 환경을 구축하는 데 결정적인 역할을 하고 있다.

로봇 수술과 의료의 미래

아직은 AI 기반 로봇 수술이 시작 단계에 있지만, 로봇 보조 수술은 이미 외과 수술 분야에서 전례 없는 혁신을 불러일으키며 의료 기술의 새로운 장을 열었다. 현재 로봇 수술 시스템은 실시간 데이터 분석을 통해 수술 계획을 최적화하고, 수술 중 발생할 수 있는 변수들을 예측하며, 이를 바탕으로 최적의 결정을 내리는 데 도움을 준다. 이러한 기술은 수술의 정밀도를 극대화하여 외과 의사 단독으로는 도달하기 어려운 수준의 정확성을 제공하며, 절개를 최소화하는 최소 침습적 접근법을 통해 환자의 신체적 부담을 줄이고 회복 속도를 크게 높인다. 예컨대 로봇 수술 시스템은 미세한 움직임을 제어하여 기존 수술 방식에서는 불가능했던 정밀한 절개와 봉합을 가능하게 하며, 환자의 출혈량을 줄이고 수술 후 통증을 최소화하는 데 기여한다. 정형외과, 신경외과, 비뇨기과를 포함한 다양한 임상 분야에서 로봇 보조 수술은 정확도와 안전성을 획기적으로 향상하며, 이러한 기술은 특히 복잡한 수술에서 외과 의사의 피로를 줄이고 더 나은 결과를 도출하는 데 중요한 역할을 하고 있다.

미래에는 AI 기반 로봇 수술이 더욱 발전하여 수술 과정에서 완전한 자율적 판단과 실행이 가능할 것으로 기대된다. AI의 고도화된 학습 능력과 데이터 처리 기술을 통해, 수술 중 실시간으로 최적화된 결정을 내리고, 예측 불가능한 상황에도 즉각적으로 대응하는 것이 가능하다. 이는 환자의 안전성을 한층 더 높이고, 의료진의 부담을 줄이며, 궁극적으로 의료 서비스의 질을 혁신적으로 향상할 수 있는 잠재력을 가지고 있다.

또한 AI는 디지털 복제 기술(Digital Twin)과 결합하여 수술 교육 및 훈련의 표준화를 지원하며, 의료 전문가 양성 과정에서도 혁신을 가져오고 있다. 디지털 트윈은 실제 환자의 신체를 가상으로 재현하여 수술 시뮬레이션을 가능하게 하며, 외과 의사들이 실제 수술 전에 다양한 시나리오를 연습하고 잠재적 위험을 사전에 파악하도록 돕는다. 이는 특히 신입 의사나 수련 중인 의료진에게 실질적인 경험을 제공하며, 환자 안전을 보장하면서도 교육의 질을 높이는 데 기여한다. 그러나 이러한 첨단 기술의 도입에는 여전히 해결해야 할 여러 과제가 존재한다. 높은 초기 비용은 많은 의료 기관이 로봇 수술 시스템을 도입하는 데에 큰 장벽으로 작용하며, 기술적 한계로 인해 모든 수술 상황에 적용하기 어려운 경우도 있다. 또한 AI와 로봇 수술의 사용은 책임 소재, 환자 동의, 데이터 프라이버시와 같은 윤리적 문제를 동반하며, 이에 대한 명확한 가이드라인과 규제가 필요하다. 더 나아가 기술 의존도가 높아질수록 시스템 오류나 사이버 보안 위협과 같은 새로운 리스크도 함께 나타나므로 이러한 문제를 해결하기 위한 지속적인 연구와 정책적 노력이 요구된다.

경제적 효과와 사회적 책임

AI와 정밀 의료의 통합은 의료 분야에서 기술 혁신을 가져올 뿐만 아니라 상당한 경제적 효과를 창출하는 중요한 요인으로 작용한다.

AI 기술은 대규모 의료 데이터를 신속하고 정확하게 분석함으로써 암이나 심혈관 질환과 같은 중증 질환의 조기 탐지를 가능하게 하여, 고비용 고위험의 후기 단계 치료 필요성을 줄이고 환자 및 의료 시스템의 부담을 경감한다. 아울러 AI가 병원 운영의 효율성을 극대화하여 자원 배분, 환자 흐름 관리, 진료 일정 최적화를 통해 연간 600억 달러에서 1200억 달러에 달하는 막대한 비용 절감을 가져올 수 있다는 전망이 제시되었다(Pifer, 2023), 이는 특히 의료 자원이 제한적인 환경일수록 더 큰 가치를 발휘하며, 병원 내 불필요한 지출을 줄이고 의료 서비스의 접근성을 높이는 데 기여한다. 더 나아가 AI를 활용한 예측 분석은 질병 예방 프로그램을 강화하고, 공공 보건 시스템의 전반적인 비용 효율성을 높이는 데도 중요한 역할을 하고 있다.

그러나 이러한 경제적 이점에도 불구하고, AI와 정밀 의료의 통합에는 여전히 해결해야 할 여러 가지 중대한 도전 과제가 존재한다. 우선 AI 시스템 도입에 필요한 높은 초기 비용은 많은 의료 기관, 특히 자원이 부족한 중소형 병원이나 개발도상국의 의료 시스템에 큰 장벽으로 작용한다. 또한 민감한 의료 데이터를 다루는 과정에서 데이터 보안 및 개인 정보 보호 문제가 중요한 이슈로 부각했으며, 데이터 유출이나 오용의 위험을 최소화하기 위한 강력한 보안 체계 구축도 필수적이다. 이와 함께 AI 알고리즘의 신뢰성과 투명성에 대한 우려도 여전히 해결되지 않은 문제로 남아 있다. AI가 내린 진단이나 치료 권고가 항상 정확하지 않을 수 있다는 점과 그 결정 과정이 '블랙박스'로 여겨지는 경우가 많아 의료진과 환자의 신뢰를 얻는 데 어려움이 있다.

이러한 문제를 극복하기 위해서는 정부와 민간 기업 간의 긴밀한 협력이 필요하다. 우선 데이터 보호와 AI 사용에 대한 명확한 규제와 표준을 마련하는 것이 중요하다. 또한 AI 시스템의 성능과 안전성을 보장하기 위한 지속적인 테스트와 검증 과정이 필수적이며, 이를 통해 기술에 대한 신뢰를 구축하여 의료 현장에서의 실제 적용 가능성을 높여야 한다.

윤리적 도전과 데이터 보안

AI와 정밀 의료의 눈부신 발전은 의료 분야에 혁신적인 가능성을 열어 주었지만, 그 이면에는 데이터 보안과 프라이버시 보호라는 중대한 윤리적 도전이 자리 잡고 있다. 의료 데이터는 환자의 건강 상태, 유전 정보, 개인 신상 정보 등 매우 민감한 내용을 포함하고 있어, 유출되거나 오용될 경우 개인에게 심각한 피해를 초래할 뿐만 아니라 사회적 신뢰를 저하시킬 수 있다. 실제로 의료 데이터 유출 사건은 최근 몇 년간 급격히 증가하고 있으며, 2023년 한 해 동안 미국에서 보고된 데이터 유출 건수는 무려 725건에 달한다. 이 중 해킹이 차지하는 비율은 79.7%로 급증하며 사이버 보안 위협이 점점 더 심각해지고 있음을 보여 준다(Alder, 2025). 특히 체인지 헬스케어(Change Healthcare)를 대상으로 한 랜섬웨어 공격은 의료 시스템 역사상 가장 심각한 사이버 공격 사례로 평가받으며, 이 사건은 최대 16억 달러에 달하는 막대한 경제적 손실을 초래했다. 이러한 사건들은 의료 데이터 보호의 취약성을 여실히 드러내며, 데이터 보안 문제 해결이 시급한 과제임을 강조하고 있다(Fry & 김타영, 2024).

이러한 문제를 해결하기 위해 다양한 첨단 기술과 규제적 접근이 시도되고 있다. 완전 동형 암호화(FHE, Fully Homomorphic Encryption) 처리 방식은 데이터를 암호화한 상태에서도 분석과 처리가 가능하도록 하여 보안성을 극대화하는 기술로 주목받고 있다. 또한 에지 AI는 데이터를 중앙 서버로 전송하지 않고 장치 자체에서 처리함으로써 데이터 유출 위험을 줄이는 데 기여한다. 이와 함께 차등 개인 정보 보호(Differential Privacy) 기술은 데이터 분석 시 개인 식별 가능성을 최소화하여 프라이버시를 보호하는 데 유용한 도구로 활용된다.

기술적 해결책 외에도, 유럽 연합 일반 정보 보호 규정(GDPR)과 미국 의료 정보 보호법(HIPAA)과 같은 엄격한 데이터 보호 규제는 의료 데이터의 안전한 관리와 사용을 보장하기 위한 필수적인 법적 틀을 제공한다. 이러한 규제는 기업과 의료 기관이 데이터 보안 기준을 준수하도록 강제하며, 위반 시 강력한 처벌을 부과함으로써 책임감을 부여한다. 그러나 기술과 규제만으로는 충분하지 않으며, 데이터 보안에 대한 의료 종사자와 환자 모두의 인식을 높이고, 사이버 보안 교육을 강화하며, 지속적인 시스템 점검과 업데이트를 통해 잠재적 위협에 선제적으로 대응해야 할 필요가 있다.

미래를 향한 균형과 책임

AI와 정밀 의료의 융합은 현대 의료의 패러다임을 근본적으로 변화시키며, 의료의 미래를 새롭게 재정의하고 있다. 이 기술적 결합은 개인 맞춤형 치료를 통해 환자 개개인의 유전적 특성과 생활 패턴에 최적화된 의료 서비스를 제공하고, 질병 예방을 위한 예측 분석을 강화하며, 신약 개발 과정에서 대규모 데이터를 활용해 효율성과 성공률을 높이는 데 기여하고 있다. 또한 정신 건강 관리 분야에서는 AI가 감정 분석과 모니터링을 통해 조기 개입을 가능하게 하고, 암 치료에서는 정밀 진단과 맞춤형 치료법 개발을 가속화하며, 로봇 수술 기술과 결합하여 수술의 정확성과 안전성을 극대화하고 있다. 이러한 혁신은 단순히 의료 기술의 발전을 넘어 경제적 · 사회적 가치를 창출하며, 의료 자원의 효율적 배분과 접근성 향상을 통해 전 세계적으로 더 많은 사람들에게 혜택을 제공하게 된다.

그러나 이러한 밝은 전망에도 불구하고, AI와 정밀 의료의 융합이 직면한 과제는 결코 만만치 않다. 데이터 보안 문제는 여전히 주요 걸림돌로, 민감한 의료 정보의 유출이나 오용 가능성이 끊임없이 불거지고 있다. 윤리적 문제 또한 무시할 수 없으며, AI의 의사 결정 과정에서 발생하는 편향이나 투명성 부족, 그리고 환자의 자율성과 동의권 침해 우려 등이 지속적으로 논의되고 있다. 이와 더불어 기술적 한계 역시 해결해야 할 중요한 과제로 남아 있는데, AI 알고리즘의 정확도와 신뢰성 확보, 다양한 인구 집단에 대한 적용 가능성, 기술 도입에 따른 높은 비용 문제 등이 포함된다. 이 책은 이러한 도전과 가능성을 균형 있게 탐구하며, 기술 발전이 단순히 혁신에 그치지 않고 사회적 합의와 조화를 이루며 지속 가능한 방향으로 나아갈 방안을 깊이 고민한다.

AI가 단순한 기술적 도구를 넘어, 인간의 건강과 삶의 질을 실질적으로 향상할 진정한 동반자로 자리 잡기 위해서는 정부, 의료 기관, 기술 기업, 그리고 시민 사회 간의 지속적이고 긴밀한 협력이 필수적이다. 또한 이러한 기술이 공정하고 책임감 있게 사용되도록 명확한 윤리적 가이드라인과 규제 체계를 마련해야 하며, 기술 개발자와 의료 전문가, 그리고 환자 모두가 참여하는 대화의 장이 필요하다.

독자 여러분이 이 책을 통해 AI와 정밀 의료의 현재 성과와 미래 전망을 폭넓게 이해하고, 이러한 기술이 가져올 변화에 대해 비판적이고 창의적인 관점을 갖게 되기를 희망한다. 나아가 더 나은 의료 환경과 건강한 사회를 함께 만들어 가는 데 영감을 얻고, 기술과 인간의 조화로운 공존을 위한 실질적인 행동에 동참하는 계기가 되기를 진심으로 바란다.

참고문헌

Fry, E. & 김타영(2024.8.11). "미국 대형 의료기업에 닥친 '재앙적' 해킹 사태". 포춘코리아. https://www.fortunekorea.co.kr/news/articleView.html?idxno=41019

Alder, S.(2025). Healthcare Data Breach Statistics. HIPAA Journal. https://www.hipaajournal.com/healthcare-data-breach-statistics/

Alowais, S. A., et al.(2023). Revolutionizing healthcare: the role of artificial intelligence in clinical practice. *BMC Medical Education, 23*(1), 689.

Asciak, L., et al.(2025). Digital twin assisted surgery, concept, opportunities, and challenges. *npj Digital Medicine, 8*(1), 32.

Buntz, B.(2023.6.21). Why AI Alone Won't Resolve Drug Discovery Challenges. Drug Discovery & Development. https://www.drugdiscoverytrends.com/ai-in-drug-discovery-analysis/

Chang, R., et al.(2021). Predictive radiomic models for the chemotherapy response in non-small-cell lung cancer based on computerized-tomography images. *Frontiers in Oncology, 11*, 646190.

Clay, B., et al.(2025). Natural language processing techniques applied to the electronic health record in clinical research and practice-an introduction to methodologies. *Computers in Biology and Medicine, 188*, 109808.

Dixit, S., et al.(2024). Advancing genome editing with artificial intelligence: opportunities, challenges, and future directions.

Frontiers in Bioengineering and Biotechnology, 11, 1335901.
Farvolden, P.(2024). AI Chatbots Break Down Barriers to Much-Needed Mental Health Treatments. https://www.rgare.com/knowledge-center/article/ai-chatbots-break-down-barriers-to-much-needed-mental-health-treatments
Islam, K. R., et al.(2023). Machine learning-based early prediction of sepsis using electronic health records: a systematic review. *Journal of Clinical Medicine, 12*(17), DOI 10.3390/jcm12175658
Johns Hopkins Medicine(2025). EpiWatch App Records Seizure Data Using Apple Watch. https://www.hopkinsmedicine.org/news/articles/2015/12/epiwatch-app-records-seizure-data-using-apple-watch
Khanna, N. N., et al.(2022). Economics of artificial intelligence in healthcare: diagnosis vs. treatment. *Healthcare, 10*(12), DOI 10.3390/healthcare10122493
Khanna, N. N., et al.(2023). Polygenic risk score for cardiovascular diseases in artificial intelligence paradigm: a review. *Journal of Korean Medical Science, 38*(46).
Li, J., et al.(2019). Gene-environment interaction in the era of precision medicine. *Cell, 177*(1), pp.38～44.
Li, Y.-H., et al.(2024). Innovation and challenges of artificial intelligence technology in personalized healthcare. *Scientific Reports, 14*(1), 18994.
Liu, Y., et al.(2024). Evolution of surgical robot systems enhanced by artificial intelligence: a review. *Advanced Intelligent Systems, 6*(5), 2300268.
Liu, Y., et al.(2025). Multimodal depression recognition and

analysis: Facial expression and body posture changes via emotional stimuli. *Journal of Affective Disorders, 381*(2), pp.44~54.

Liu, Z., et al.(2019). Toward clinical implementation of next-generation sequencing-based genetic testing in rare diseases: where are we?. *Trends in Genetics, 35*(11), pp.852~867.

Mishra, R. & Li, B.(2020). The application of artificial intelligence in the genetic study of Alzheimer's disease. *Aging and Disease, 11*(6), 1567.

Molla, G. & Bitew, M.(2024). Revolutionizing Personalized Medicine: Synergy with Multi-Omics Data Generation, Main Hurdles, and Future Perspectives. *Biomedicines, 12*(12), 2750.

Mullard, A.(2018). (Assumed reference for traditional drug development costs and time, as cited in the original content).

Nishat, S. M. H., et al.(2025). Artificial Intelligence: A New Frontier in Rare Disease Early Diagnosis. *Cureus, 17*(2).

Perez, K., et al.(2025). Investigation into Application of AI and Telemedicine in Rural Communities: A Systematic Literature Review. *Healthcare, 13*(3). DOI: 10.3390/healthcare13030324

Pifer, R.(2023.01.26). Artificial Intelligence Could Save Healthcare Industry $360B a Year. Healthcare Dive. https://www.healthcaredive.com/news/artificial-intelligence-healthcare-savings-harvard-mckinsey-report/641163/

Sadeghi, Z., et al.(2024). A review of Explainable Artificial Intelligence in healthcare. *Computers and Electrical Engineering, 118*, 109370.

Sahni, N.(2023). What happens when AI comes to healthcare. CEPR. https://cepr.org/voxeu/columns/what-happens-when-ai-comes-healthcare

Satam, H., et al.(2023). Next-generation sequencing technology: current trends and advancements. *Biology, 12*(7), 997.

Serrano, D. R., et al.(2024). Artificial intelligence(AI) applications in drug discovery and drug delivery: Revolutionizing personalized medicine. *Pharmaceutics, 16*(10), 1328.

Sharma, P., et al.(2023). Immune checkpoint therapy—current perspectives and future directions. *Cell, 186*(8), pp.1652~1669.

Sheu, Y.-H., et al.(2023). AI-assisted prediction of differential response to antidepressant classes using electronic health records. *npj Digital Medicine, 6*(1), 73.

Stebbing, J., et al.(2020). Mechanism of baricitinib supports artificial intelligence-predicted testing in COVID-19 patients. *EMBO Molecular Medicine, 12*(8), e12697.

Yoo, S.-K., et al.(2025). Prediction of Checkpoint Inhibitor Immunotherapy Efficacy for Cancer Using Routine Blood Tests and Clinical Data. *Nature Medicine, 31*, pp.869~880.

Varadi, M., et al.(2024). AlphaFold Protein Structure Database in 2024: providing structure coverage for over 214 million protein sequences. *Nucleic Acids Research, 52*(D1), pp.D368~D375.

World Health Organization(2023). Depressive Disorder. https://www.who.int/news-room/fact-sheets/detail/depression

Yadav, N., et al.(2023). Data privacy in healthcare: In the era of artificial intelligence. *Indian Dermatology Online Journal, 14*(6), pp.788~792.

Zhang, W., et al.(2023). Artificial intelligence technology in Alzheimer's disease research. *Intractable & Rare Diseases Research, 12*(4), pp.208~212.

01
유전체 데이터와 AI

AI와 유전체 분석의 융합은 의료 혁신을 이끌고 있다. 방대한 유전체 데이터와 AI 기술은 맞춤형 치료법 개발을 가능하게 하며, 질병 예측 정확도 향상, 조기 진단, 개인별 최적 치료법 선정 등으로 환자 관리 효율성을 크게 개선한다.

AI와 1인 창업?

유전체 데이터와 AI 융합의 핵심적 필요성

인간의 질병 발현은 단순히 단일 유전자 변이로 설명될 수 없으며, 복잡하게 얽힌 유전적 요인과 다양한 환경적 요인의 상호 작용 결과로 나타난다(Li et al., 2019). 그러나 유전체 데이터의 방대한 양과 환경 요인의 복잡성으로 인해 이를 인간이 분석하기에는 한계가 있다.

개인 맞춤형 의료의 실현

기존의 의료 방식은 개인의 유전적 다양성을 충분히 고려하지 않고 평균적인 환자 집단을 대상으로 개발된 치료법을 적용하여, 개인별 치료 효과의 편차가 크게 발생하고 예상치 못한 부작용 발생 가능성을 높인다. 이러한 기존 치료 방식의 근본적인 한계를 극복하고 개인별 유전적 특성에 최적화된 맞춤형 치료법을 개발하기 위해서는 개인의 유전체 정보를 심층적으로 분석하고 AI의 강력한 분석 능력을 활용하는 것이 필수적이다. AI 기술은 유전체 분석에서 사람의 눈으로는 파악할 수 없는 미세한 변화를 정확히 포착하고, 이를 바탕으로 최적화된 치료 방법을 제공하는 데 큰 도움이 된다.

대규모 데이터 처리와 복잡성 해결

유전체 데이터의 방대한 양과 복잡성으로 인해 이를 인간이 분석하기에는 한계가 있다. AI는 이러한 데이터를 효율적으로 처리하여 의미 있는 패턴을 찾아내고, 유전자 간 및 유전자-환경 간의 복잡한 상호 작용을 모델링하여 질병의 원인을 깊이 이해하는 데에 필수적이다(Mishra & Li, 2020). 또한 AI는 분석의 속도와 정확도를 대폭 향상할 수 있어, 유전체 데이터를 통해 빠르고 정확한 예측을 제공할 수 있다. 이러한 AI 기반 분석은 특히 고차원 데이터 처리에서 인간의 한계를 극복하며 의료의 정확도와 효율성을 크게 증대한다.

의료 접근성 및 공정성 향상

유전체 데이터와 AI의 융합은 의료 서비스의 접근성과 공정성을 높인다. AI 기반 유전체 분석 기술은 원격지에서도 고품질 의료 서비스를 제공하여 의료 자원이 부족한 지역에 도움을 준다. 또한 AI 분석 기술을 통해 유전체 분석 비용이 절감되어 더 많은 사람들이 유전체 기반 진단과 치료를 받을 수 있게 된다(Alowais et al., 2023). 이러한 혁신은 특히 경제적이나 지리적으로 의료 서비스에 접근이 어려운 지역의 사람들에게 새로운 기회를 제공하여 글로벌 의료 형평성에 기여할 수 있다. AI가 발전함에 따라 의료 자원의 배분이 더욱 효율적이고 공정하게 이루어질 수 있다.

유전체 데이터와 AI 융합의 혁신적 응용 분야

AI 분석 기술로 향상된 유전체 데이터는 여러 분야에서 다시 AI 기술과 접목되어 의료를 더욱 고도화하고 있다.

질병 예측 및 조기 진단

AI 기술은 복잡한 유전체 데이터를 심층적으로 분석하여 특정 질병 발병 위험을 개인 수준에서 정밀하게 예측하고, 질병의 초기 단계에서 정확한 진단을 가능하게 한다. 예를 들어 코로나19 팬데믹 동안 AI 모델은 코로나19 바이러스(SARS-CoV-2) 변종에서 우려되는 스파이크 단백질 변이를 식별하는 데 중요한 역할을 했다. 이러한 변이는 바이러스의 전염성이나 백신의 효과에 영향을 미치기 때문에, AI는 대량의 유전체 데이터를 신속하게 분석하여 이러한 변화를 감지하고 모니터링하는 데 도움을 주었다. 또한 AI는 알츠하이머병 환자의 뇌 MRI 영상과 유전체 데이터를 통합적으로 분석하여 알츠하이머병의 진행 단계를 조기에 예측하고 진단하는 데 중요한 역할을 할 수 있다(Zhang et al., 2023). 이와 같은 AI의 적용은 질병 예측의 정확도를 크게 향상하며, 환자의 건강 상태를 더 빠르고 정확하게 진단할 수 있게 해 준다.

맞춤형 약물 치료

맞춤형 약물 치료는 환자 개개인의 고유한 유전체 정보를 면밀히 분석하는 것을 기반으로 한다. 이러한 분석을 통해 특정 약물에 대한 개인의 반응을 정확하게 예측하고, 각 개인에게 최적화된 약물과 용량을 맞춤 설정하는 데 핵심적인 역할을 수행할 수 있다.

구체적인 예시로 AI는 우울증 환자의 전자 건강 기록(EHR) 데이터를 심층적으로 분석하여 특정 항우울제에 대한 개인의 반응을 예측하고, 궁극적으로 최적의 약물을 선정하는 데 도움을 줄 수 있다(Sheu et al., 2023). 이는 환자의 유전적 특성과 기존 치료 반응 등을 종합적으로 고려하여 부작용은 줄이고 치료 효과는 높이는 데 기여한다.

더 나아가 AI는 암 환자의 방대한 유전체 데이터를 분석하여 특정 표적 항암제에 대한 개인의 반응을 예측하고, 가장 효과적인 치료법을 개인별로 제시하는 데 광범위하게 활용될 수 있다(Sinha et al., 2024). 이러한 접근 방식은 전통적인 치료법의 한계를 극복하고, 환자 맞춤형 정밀 의료를 실현하는 데 필수적이다.

이처럼 AI 기반 맞춤형 약물 치료는 개인별 최적의 치료를 제공함으로써 불필요한 부작용을 최소화하고, 궁극적으로 치료 효과를 극대화하여 환자의 삶의 질을 향상하는 데 기여한다.

개인 맞춤형 건강 관리 서비스의 역할

개인 맞춤형 건강 관리 서비스는 개인의 유전체 정보를 핵심 동력으로 삼아 크게 발전하고 있다. AI는 개인의 고유한 유전체 정보뿐만 아니라 임상 정보, 생활 습관 정보 등 다양한 데이터를 통합적으로 분석하여 각 개인에게 정교하게 맞춘 건강 관리 서비스를 제공하는 데 중요한 역할을 한다.

가장 대표적인 사례로 AI는 개인의 유전체 정보를 세밀하게 분석하여 특정 질병에 대한 유전적 취약성과 위험도를 매우 정확하게 평가할 수 있다. 이를 기반으로 개인에게 최적화된 건강 관리 계획을 수립하는 데 실질적인 도움을 제공한다(Khanna et al., 2023). 예를 들어 특정 유전자 변이가 대사 질환의 위험을 높이는 경우, AI는 이에 맞춘 식단이나 운동 프로그램을 제안할 수 있다.

더 나아가 AI는 개인의 유전체 정보와 관련된 생활 습관 데이터를 실시간으로 분석하여 유전적으로 건강한 생활 습관을 형성하도록 지속적으로 지원할 수 있다. 이는 단순히 일반적인 건강 지침을 제공하는 것을 넘어, 개인의 유전적 특성을 고려한 맞춤형 예방 전략을 가능하게 한다. 궁극적으로 이러한 유전체 중심의 접근 방식은 개인의 건강을 근본적으로 개선하고, 질병 발생 전에 예방적 접근을 극대화하여 더 건강하고 활기찬 삶을 누리는 데 기여하고 있다.

희귀 질환 진단 및 치료법

AI를 이용해 희기 질환 환자의 복잡한 유전체 데이터를 분석하여 기존에는 밝혀내기 어려웠던 질병의 원인 유전자를 찾아낼 수 있다. 또한 새로운 치료법을 개발할 수 있으며, 정밀 치료를 위해 더욱 효과적이고 효율적인 절차를 구축할 수 있다(Khanna et al., 2023). 희귀 질환은 환자 수가 적고 유전적 변이가 다양하여 진단 및 치료법 개발이 어렵지만, AI는 이러한 한계를 극복하고 희귀 질환 환자들에게 희망을 줄 수 있다. 즉 AI는 방대한 데이터를 처리하며 희귀 질환의 진단과 맞춤형 치료법 개발에서 중요한 역할을 할 수 있다.

질병 예방 및 건강 증진

AI는 개인의 유전체 정보와 생활 습관 데이터를 종합적이고 심층적으로 분석함으로써 개인별 질병 발병 위험을 보다 정밀하게 예측하고, 그에 맞는 맞춤형 예방 전략을 체계적으로 제시한다. 이를 통해 개인은 자신의 건강 상태를 더욱 정확하고 구체적으로 파악할 수 있으며, 이를 바탕으로 건강한 생활 습관을 일관되게 유지함으로써 질병을 사전에 예방하고 전반적인 건강 수준을 지속적으로 증진할 수 있다. AI는 단순히 데이터를 분석하는 데 그치지 않고, 예방의 전(全) 단계에 적극적이고 선제적으로 개입하여, 질병이 발생하기 전에 예방 가능한 다양한 조치를 취하도록 돕는다. 예컨대 유전적 소인에 따라 특정 질병의 위험이 높다면 AI는 개인의 생활 패턴과 환경적 요인을 고려한 맞춤형 식단, 운동 계획, 또는 생활 습관 개선 방안을 제안하며, 실시간으로 건강 상태를 모니터링하여 필요시 즉각적인 조언을 제공한다. 이러한 AI 기반의 접근은 개인이 자신의 건강에 대한 책임감을 높이고, 장기적으로 더 나은 삶의 질을 유지할 수 있도록 동기를 부여하는 역할을 한다. 이처럼 AI는 개인의 유전적 특성과 생활 방식을 통합적으로 고려하여 건강 관리의 새로운 패러다임을 제시하며, 질병 예방과 건강 증진에 혁신적인 기여를 하고 있다.

유전체 데이터와 AI 융합의 기술적 도약

유전체 분석 기술의 혁신은 차세대 염기 서열 분석(NGS)과 단일 세포 유전체 분석을 통해 DNA 해독의 속도와 정확성을 높이고, AI 기술은 데이터 분석의 효율성을 향상한다. 또한 빅데이터와 클라우드 컴퓨팅의 발전은 유전체 데이터의 처리 및 분석 속도를 높여 맞춤형 치료를 가능하게 한다.

유전체 분석 기술의 혁신

차세대 염기 서열 분석(NGS) 기술은 수백만 개의 DNA 단편을 동시에 분석하여(Sequencing) 유전체 구조, 유전적 변이, 유전자 활동, 유전자 행동 변화에 대한 상세한 정보를 제공한다. 최근의 발전은 더 빠르고 정확한 염기 서열 분석(Sequencing), 비용 절감, 그리고 향상된 데이터 분석에 초점이 맞춰지고 있다. 또한 단일 세포 유전체 분석 기술의 발전은 개별 세포 수준에서 발생하는 미세한 유전체 변이를 정밀하게 분석할 수 있게 했다(Satam et al., 2023). 이러한 기술적 발전은 AI가 유전체 데이터를 더 효율적으로 처리하고, 더 정밀하게 분석할 수 있도록 돕는다.

AI 기술의 눈부신 발전

딥 러닝, 자연어 처리, 컴퓨터 비전 등 AI 기술의 급격한 발전은 방대한 유전체 데이터 분석의 정확도와 효율성을 획기적으로 향상하고 있다. 이를테면 딥 러닝은 복잡한 유전체 데이터를 분석하여 질병과 관련된 새로운 유전자 변이를 발견하고 질병 발병 위험을 더욱 정확하게 예측하는 데 핵심적인 역할을 한다. 자연어 처리는 방대한 의학 논문과 임상 기록을 분석하여 질병과 관련된 유용한 유전체 정보를 효율적으로 추출하는 데 기여한다(Clay et al., 2025). 컴퓨터 비전은 의료 영상을 분석하여 질병과 관련된 유전체 정보를 시각적으로 표현하여 의료진의 진단을 돕는다. 이러한 기술들은 서로 협력하여 의료 분야의 혁신을 이끌고 있다.

데이터 분석 기술의 혁신적 발전

빅데이터 분석 기술의 발전은 방대한 유전체 데이터를 효율적으로 처리하고 심층적으로 분석할 수 있게 했다. 또한 클라우드 컴퓨팅 기술의 발전은 유전체 데이터 분석에 필요한 막대한 컴퓨팅 자원을 효율적으로 제공하여 연구 및 임상 적용을 앞당긴다. 이러한 기술적 발전은 유전체 데이터의 분석 속도와 정확도를 높이며, 더 많은 환자들에게 고품질 맞춤형 치료를 제공하는 데 기여하고 있다.

미래 전망과 해결책

AI는 유전체 데이터를 분석해 개인 맞춤형 치료법을 제안하며, 특정 암 환자에게 가장 효과적인 약물을 추천하는 등 의료를 고도화한다. 아울러 질병 발병 가능성을 예측하고 조기 예방 전략을 수립해 알츠하이머병이나 심장병 같은 질환의 위험을 줄인다. 신약 개발에서도 AI는 약물 표적을 신속히 식별하고, 개발 과정을 단축하며 비용을 절감해 희귀 질환 치료제 개발에 기여할 수 있다.

여러 도전 과제들이 있으나 유전체 데이터베이스가 확장될수록 AI를 통해 통합 및 분석 기술이 발전하며 연구 정확성을 높일 것이다. 이때 블록체인과 고급 암호화 기술로 데이터를 안전하게 저장 · 전송하고, 분산형 저장 방식으로 데이터 유출 위험을 줄여야 한다. 데이터 표준화를 통해 상호 운용성을 강화하려는 국제적 협력 역시 필요하다.

이와 더불어 윤리적 가이드라인과 법적 보호 장치를

마련해 유전적 차별을 방지하고, AI 알고리즘을 개선하도록 교육을 제공해 기술 활용도를 높여야 한다.

참고문헌

Alowais, S. A., et al.(2023). Revolutionizing Healthcare: The Role of Artificial Intelligence in Clinical Practice. *BMC Medical Education, 23*(1), 689.

Clay, B., et al.(2025). Natural Language Processing Techniques Applied to the Electronic Health Record in Clinical Research and Practice-An Introduction to Methodologies. *Computers in Biology and Medicine, 188*, 109808.

Khanna, N. N., et al.(2023). Polygenic Risk Score for Cardiovascular Diseases in Artificial Intelligence Paradigm: A Review. *Journal of Korean Medical Science, 38*(46).

Li, J., et al.(2019). Gene-Environment Interaction in the Era of Precision Medicine. *Cell, 177*(1), pp.38~44.

Mishra, R. & Li, B.(2020). The Application of Artificial Intelligence in the Genetic Study of Alzheimer's Disease. *Aging and Disease, 11*(6), 1567.

Satam, H., et al.(2023). Next-Generation Sequencing Technology: Current Trends and Advancements. *Biology, 12*(7), 997.

Sheu, Y.-H., et al.(2023). AI-Assisted Prediction of Differential Response to Antidepressant Classes Using Electronic Health Records. *npj Digital Medicine, 6*(1), 73.

Sinha, S., et al.(2024). PERCEPTION Predicts Patient Response and Resistance to Treatment Using Single-Cell

Transcriptomics of Their Tumors. *Nature Cancer, 5*(6), pp.938~952.

Zhang, W., et al.(2023). Artificial Intelligence Technology in Alzheimer's Disease Research. *Intractable & Rare Diseases Research, 12*(4), pp.208~212.

02
AI 기반 희귀 질환 진단 및 정밀 치료 혁신

희귀 질환은 전 세계 3억 명 이상에게 영향을 미치는 건강 문제로, 종류가 많고 복잡해 진단과 치료에 어려움이 있다. 이를 극복하기 위해 AI 기술이 중요한 역할을 하고 있다. AI는 방대한 데이터를 분석하고 복잡한 패턴을 인식하여 희귀 질환의 조기 진단과 맞춤형 치료를 가능하게 하며, 새로운 치료 패러다임을 제시하고 있다.

AI와 MBTI?

AI 기반 희귀 질환 진단의 혁신

전 세계적으로 약 7천 개의 희귀 질환이 확인되었으며, 이 중 많은 질환이 생명을 위협하거나 만성적인 쇠약을 초래한다. AI는 환자의 임상 데이터, 유전체 데이터, 영상 데이터 등 다양한 정보를 통합 분석하여 이러한 희귀 질환의 진단에 중요한 역할을 한다.

유전체 데이터 분석을 통한 조기 진단

희귀 질환의 약 80%는 유전적 요인에 의해 발생하며, 유전자 변이는 질환의 발병 기전을 이해하고 조기 진단을 가능하게 하는 핵심적인 정보다(Liu et al., 2019). AI는 유전체 데이터를 분석하여 희귀 질환과 관련된 유전자 변이를 정확하게 식별하고, 질환의 발병 위험을 예측하는 데 효과적으로 활용된다. 예를 들어 딥 러닝 기반의 AI 모델은 전체 유전체 염기 서열(sequence) 데이터를 분석하여 희귀 유전 질환의 진단 정확도를 향상하고, 진단 시간을 단축하는 데 기여했다(Liu et al., 2019). 특히 기존의 유전체 분석 방법으로는 식별하기 어려웠던 복잡한 유전자 변이를 AI가 분석함으로써, 희귀 질환의 조기 진단율을 높이고 환자들이 조기에 적절한 치료를 받을 수 있도록 돕는다.

의료 영상 분석을 통한 진단 정확도 향상

많은 희귀 질환은 특징적인 영상 소견을 보이며, 의료 영상 분석은 질환의 진단과 진행 정도를 평가하는 데 중요한 역할을 한다. AI 기반 영상 분석 기술은 방대한 의료 영상 데이터를 학습하여 희귀 질환의 특징적인 패턴을 인식하고, 진단 정확도를 향상하는 데 기여한다. 예를 들어 디프게슈탈트(DeepGestalt)와 같은 안면 분석 프레임워크는 AI를 사용하여 유전적 증후군과 관련된 기형적 특징을 파악하기 위해 얼굴 사진을 분석한다. 디프게슈탈트는 200개 이상의 희귀 증후군 사례의 상위 10개 결과 내에서 91%의 정확한 진단을 도출하여 높은 정확도를 입증했다(Nishat et al., 2025).

임상 데이터 분석을 통한 다학제적 진단 지원

AI는 환자의 임상 데이터, 유전체 데이터, 영상 데이터 등 다양한 데이터를 통합 분석하여 다학제적 진단을 지원하고, 진단 과정을 효율적으로 관리하는 데 기여한다. 예를 들어 AI 기반의 임상 의사(意思) 결정 지원 시스템은 환자의 증상, 검사 결과, 유전체 정보 등을 종합적으로 분석하여 희귀 질환의 가능성을 제시하고, 추가적인 검사나 전문가의 자문을 안내함으로써 진단 과정을 효율적으로 지원한다.

AI 기반 희귀 질환 정밀 치료의 혁신

희귀 질환은 환자마다 질환의 증상과 치료 반응이 크게 다르기 때문에, 개개인에 맞춘 치료법 개발이 필수적이다. 또한 희귀 질환은 환자 수가 적어 새로운 치료제 개발에 많은 시간이 소요되는 어려움이 있다. AI를 활용하여 개발한 치료 방법은 이러한 어려움을 극복하는 데 크게 기여한다.

빅데이터 기반 환자 맞춤형 치료법 개발

빅데이터는 방대한 임상 데이터, 유전체 정보, 생활 패턴 데이터 등을 통합적으로 분석하여 환자의 유전적 특성, 질환 특성, 치료 반응 등을 종합적으로 고려한 맞춤형 치료법 개발에 핵심적인 역할을 한다. 예를 들어 빅데이터 분석을 통해 환자의 유전체 정보와 과거 약물 반응 데이터를 비교하여 최적의 약물과 용량을 예측하고, 약물 부작용 발생 위험을 최소화할 수 있다(Behdani et al., 2024). 또한 빅데이터는 환자의 질환 진행 양상을 예측하는 데 활용되어 선제적인 치료 전략을 수립하고, 질환으로 인한 합병증 발생 가능성을 줄이는 데 기여한다. 이처럼 빅데이터 기반 접근법은 의료의 개인화를 실현하며, 특히 희귀 질환 환자들에게 보다 효과적이고 안전한 치료 옵션을 제공할 수 있는 잠재력을 가지고 있다.

약물 재창출을 통한 치료제 개발 가속화

희귀 질환은 환자 수가 적고 연구 개발에 어려움이 많아 새로운 치료제 개발에 많은 시간이 소요된다. AI는 기존 약물의 효능과 안전성 데이터를 분석하여 희귀 질환 치료에 효과적인 약물을 발굴하고, 약물 재창출을 통해 치료제 개발 기간을 단축하는 데 기여한다. 예를 들어, AI는 방대한 논문 데이터베이스와 임상 시험 데이터를 분석하여 기존 약물 중 희귀 질환 치료에 효과적인 약물을 예측하고, 실험 및 임상 시험을 통해 효능을 검증하는 데 활용될 수 있다(Serrano et al., 2024).

유전자 치료 및 세포 치료 개발 지원

유전자 치료 및 세포 치료는 희귀 유전 질환의 근본적인 치료법으로 주목받고 있다. AI는 유전자 치료 및 세포 치료 개발 과정에서 유전자 변이 분석, 벡터 디자인, 세포 특성 분석 등 다양한 분야에 활용되어 치료 효과를 높이고 안전성을 확보하는 데 기여한다. 예를 들어 AI

모델은 크리스퍼 유전자 가위(CRISPR-Cas) 시스템의 가이드 RNA(gRNA) 설계를 최적화하며, 디프크리스퍼(DeepCRISPR), 크리스타(CRISTA), 디프 HF(DeepHF) 같은 도구로 특정 표적 서열에 적합한 gRNA를 예측한다. 이는 유전체적 맥락, Cas 단백질, 돌연변이 유형, 표적/비표적 점수 등을 고려하며, 단일 염기 편집, 프라임 편집, 에피게놈 편집 등 다양한 유전체 편집 기술을 지원해 DNA 서열에 정확한 변화를 도입한다(Dixit et al., 2024).

AI 기반 희귀 질환 연구 및 임상 적용을 위한 과제

희귀 질환 진단 분야에서 AI는 환자들에게 새로운 희망을 제공하고 있다. 그러나 희귀 질환 연구와 AI의 임상적 적용에는 여전히 여러 가지 중요한 과제가 남아 있다.

데이터 확보 및 표준화

우선 AI 기반 희귀 질환 연구 및 임상 적용을 위해서는 방대한 양의 고품질 의료 데이터 확보가 절대적으로 필요하다. 그러나 희귀 질환의 경우 환자 수가 매우 적고, 각 환자의 데이터가 분산되어 있어 데이터 수집 과정에서 상당한 어려움이 따른다. 이에 따라 데이터 확보와 표준화는 이 분야에서 가장 중요한 과제 중 하나로 여겨진다. 이를 해결하기 위해 데이터 공유를 촉진하는 플랫폼을 구축하고, 서로 다른 기관 및 연구소 간의 협력을 통해 데이터 접근성을 높이는 것이 중요하다. 예를 들어 유럽 희귀 질환 등록망(EU RD Platform, European Platform on Rare Disease Registration) 같은 플랫폼은 다양한 병원과 연구 기관이 희귀 질환 환자 데이터를 공유하도록 지원하며, 연구자들에게 통합된 데이터 접근을 제공한다. 또한 데이터 표준화 기술을 개발하여 다양한 출처에서 수집된 데이터를 일관되게 분석할 수 있는 체계를 마련해야 한다. 예컨대 국제 의료 데이터 표준 규격인 HL7 파이어(HL7 FHIR, Health Level Seven Fast Healthcare Interoperability Resources)를 적용하면 서로 다른 시스템 간 데이터 호환성을 높일 수 있다. 이와 더불어 데이터 익명화 기술과 강력한 보안 기술을 확보함으로써 환자의 개인 정보를 보호하면서도 연구에 활용 가능하도록 데이터를 안전하게 관리하려는 노력이 필수적이다. 이러한 다각적인 접근을 통해 데이터의 양과 질을 모두 향상할 수 있을 것이다.

AI 모델의 설명 가능성 및 윤리적 문제

AI 모델의 복잡성으로 인해 AI가 어떤 근거로 특정 결론을 도출했는지 이해하고 설명하기 어려운 경우가 빈번하게 발생한다. 이는 특히 의료 현장에서 AI 모델의 신뢰성을 확보하는 데 큰 장애물로 작용하며, AI 모델 사용으로 인해 발생할 수 있는 윤리적 문제를 해결하는 데도 상당한 어려움을 초래한다. 예를 들어 AI가 희귀 질환 진단을 내릴 때, 의료진이 그 진단이 어떤 데이터나 알고리즘적 판단에 기반한 것인지 명확히 알 수 없다면, 환자와 의사 간의 신뢰가 저하될 수 있다. 따라서 AI 모델의 설명 가능성을 높이기 위한 지속적인 연구가 필수적이다. 예컨대, XAI(Explainable AI) 기술을 활용하면 AI의 의사 결정 과정을 시각화하거나 단계별로 설명할 수 있는 도구를 제공하여 의료 전문가들이 AI의 결론을 더 잘 이해하도록 도울 수 있다(Sadeghi et al., 2024). 이와 함께 AI 모델 사용으로 인해 발생하는 윤리적 문제, 예를 들어 데이터 편향이나 책임 소재 문제에 대한 사회적 합의가 반드시 필요하다. 이를 위해 다양한 이해관계자, 즉 의료 전문가, 환자 단체, 정책 결정자, 기술 개발자 등이 참여하는 공론의 장을 마련하여 AI 사용의 가이드라인과 윤리적 기준을 설정하려는 노력이 병행되어야 한다. 이러한 다각적인 접근을 통해 AI 기술의 신뢰성과 윤리적 사용을 동시에 보장할 수 있을 것이다.

의료진 및 환자 교육

AI 기반 희귀 질환 진단 및 치료 기술을 효과적으로 활용하기 위해서는 의료진과 환자 모두를 대상으로 한 체계적인 교육이 반드시 필요하다. 의료진의 경우, AI 기술에 대한 기초적인 이해를 넘어 실제 임상 환경에서 AI 기반 진단 및 치료 시스템을 효율적으로 사용할 수 있는 실질적인 역량을 갖추는 것이 중요하다. 예를 들어 AI가 제공하는 진단 결과를 해석하고 이를 환자의 상태와 연관지어 최적의 치료 방침을 결정할 수 있도록, 병원 내 워크숍이나 온라인 교육 프로그램을 통해 지속적인 학습 기회를 제공해야 한다. 또한 특정 AI 도구, 이를테면 희귀 질환 유전자 분석 소프트웨어의 활용 방법을 익히는 실습 세션을 통해 의료진이 기술에 익숙해지도록 지원할 수 있다. 한편 환자 교육도 매우 중요한 역할을 한다. 환자들은 AI 기반 진단 및 치료 과정에 대해 충분히 이해할 수 있도록 투명한 정보를 제공받아야 하며, 자신의 건강 정보를 AI 시스템에 제공하는 것에 대해 명확한 동의를 할 수 있어야 한다. 예컨대 환자들에게 AI가 어떻게 데이터를 분석하고 진단을 내리는지에 대한 간단한 설명 자료나 상담 세션을 제공함으로써 기술에 대한 신뢰를 높일 수 있다. 아울러 개인 정보 보호와 관련된 우려를 해소하기 위해 데이터 사용 동의서를 작성하기 전에 구체적인 데이터 활용 방식을 설명하는 과정을 거치는 것이 필요하다. 이러한 교육적 접근을 통해 의료진과 환자 모두 AI 기술을 보다 효과적이고 신뢰할 수 있는 방식으로 활용하는 기반이 마련될 것이다.

AI 기반 희귀 질환 진단과 치료의 미래 전망과 해결 과제

AI 기반 희귀 질환 진단 및 정밀 치료는 의료 분야에 혁신을 가져올 전망이다. AI는 방대한 유전체 데이터, 임상 기록, 생활 패턴 정보를 통합 분석하여 희귀 질환의 조기 진단과 환자 맞춤형 치료법 개발을 가능하게 한다. 향후 AI는 질환 진행을 예측하고 최적의 약물 및 치료 전략을 제안함으로써 환자의 예후를 크게 개선할 잠재력을 가지고 있다. 특히 희귀 질환의 특성상 소규모 데이터에서도 의미 있는 패턴을 찾아내는 AI 기술의 발전은 의료의 개인화를 가속화할 것이다.

그러나 해결해야 할 과제도 만만치 않다. 데이터 프라

이버시 보호, AI 모델의 편향성 문제, 희귀 질환 데이터의 부족으로 인한 학습 한계 등이 주요 장애물로 꼽힌다. 또한 AI 기술의 임상 적용을 위해 엄격한 규제 기준 마련과 의료 전문가와의 긴밀한 협력이 필요하다. 이러한 과제를 극복한다면, AI는 희귀 질환 치료의 신뢰성과 실효성을 높이며 더 많은 환자에게 희망을 줄 수 있을 것이다.

참고문헌

Behdani, A. M., et al.(2024). Optimizing Pharmacogenomic Decision-Making by Data Science. *PLOS Digital Health, 3*(2), e0000451.

Dixit, S., et al.(2024). Advancing Genome Editing with Artificial Intelligence: Opportunities, Challenges, and Future Directions. *Frontiers in Bioengineering and Biotechnology, 11*, 1335901.

European Platform on Rare Disease Registration(2025) https://eu-rd-platform.jrc.ec.europa.eu/_en

Liu, Z., et al.(2019). Toward Clinical Implementation of Next-Generation Sequencing-Based Genetic Testing in Rare Diseases: Where Are We?. *Trends in Genetics, 35*(11), pp.852~867.

Nishat, S. M. H., et al.(2025). Artificial Intelligence: A New Frontier in Rare Disease Early Diagnosis. *Cureus, 17*(2).

Sadeghi, Z., et al.(2024). A Review of Explainable Artificial

Intelligence in Healthcare. *Computers and Electrical Engineering, 118*, 109370.
Serrano, D. R., et al.(2024). Artificial Intelligence(AI) Applications in Drug Discovery and Drug Delivery: Revolutionizing Personalized Medicine. *Pharmaceutics, 16*(10), 1328.

03
환자 데이터 통합과 분석

현대 의료는 디지털 혁신을 통해 전자의무기록(EMR), 웨어러블 기기, 유전체 정보 등 다양한 데이터를 활용해 정밀하고 개인화된 치료로 발전하고 있다. 데이터 통합과 분석은 정밀 의료의 핵심이며, AI 기술은 방대한 데이터를 분석해 최적의 치료 경로와 예측 진단을 가능하게 한다. 이 장에서는 데이터 통합의 필요성, 주요 데이터 소스, AI 분석 기술, 적용 사례, 향후 과제를 다룬다.

AI와 난임 극복?

환자 데이터 통합의 필요성

환자 개개인은 다양한 형태의 의료 데이터를 생성한다. 전자의무기록(EMR)은 진료 기록, 처방전, 검사 결과, 영상 데이터를 포함하며, 웨어러블 기기는 심박수, 혈압, 수면 패턴 등의 생체 신호를 수집한다. 또한 유전체 데이터는 개인의 질병 감수성, 약물 반응성 등의 정보를 제공한다. 이러한 이질적인 데이터를 통합하지 않고 각각 개별적으로 분석할 경우, 환자 상태에 대한 단편적 이해만 가능하다. 반면 데이터 통합은 환자의 건강 상태를 다면적으로 파악하고, 질병의 조기 예측 및 맞춤형 치료 전략 수립을 가능하게 한다(Molla & Bitew, 2024).

특히 복합 질환(complex diseases)인 암, 심혈관 질환, 당뇨병 등에서는 다양한 요인이 복합적으로 작용하기 때문에, 다원적 데이터 통합 분석이 더욱 중요하다. 예를 들어 유전체 변이와 생활 습관 데이터를 함께 분석함으로써 특정 질환의 발병 위험을 보다 정확하게 예측할 수 있다(Khalifa & Albadawy, 2024).

주요 환자 데이터 소스

AI는 전자의무기록, 웨어러블 기기, 유전체 데이터 등에서 수집된 실시간 건강 정보 등 대규모 데이터를 효율적으로 처리하고, 이를 기반으로 질병 예측, 조기 진단, 최적 치료법 선정을 가능하게 한다.

전자의무기록

전자의무기록(EMR)은 환자 진료 과정에서 생성되는 가장 기본적인 데이터 소스다. 진단명, 검사 결과, 영상 자료, 처방 내역 등이 포함되며, 구조화(structured) 데이터와 비구조화(unstructured) 데이터가 혼재되어 있다. 전자의무기록 분석은 진료 품질 향상, 환자 안전 강화, 비용 절감에 기여할 수 있다.

웨어러블 기기 데이터

웨어러블 기기는 지속적으로 환자의 생체 신호를 모니터링할 수 있게 한다. 애플 워치(Apple Watch), 핏비트(Fitbit), 가민(Garmin) 등은 심박수, 활동량, 산소 포화도, 수면 상태 등을 측정한다. 이 데이터들은 만성 질환 관리, 급성 악화의 조기 발견 등에 유용하다. 예를 들어 스마트워치나 피트니스 밴드와 같은 웨어러블 기기는 첨단 AI 알고리즘으로 강화되어 접근성, 사용 편의성, 비용 효율성 측면에서 심방 잔떨림[心房細動]의 조기 진단에 유망한 설루션을 제공한다(Francisco et al., 2025).

유전체 데이터

차세대 염기 서열 분석(NGS) 기술이 발달하면서 유전체 데이터를 쉽게 확보할 수 있게 되었다. 이러한 유전체 데이터는 개인별 질병 위험도 예측, 약물 반응 분석, 새로운 치료 표적 발굴 등 다양한 분야에 활용된다. 특히 생물체 한 종의 모든 유전 정보를 담은 전장 유전체 연관 연구를 통해 다양한 질병 관련 유전자들이 밝혀졌으며, 이러한 유전자-질병 간의 연관성 연구와 이를 실제 임상에 적용하는 것의 중요성이 날로 커지고 있다(Sonehara & Okada, 2021). 암 분야에서도 종양 유전체 분석을 통해 맞춤형 치료 전략을 수립하는 사례가 증가하고 있다.

환자 데이터 통합 및 분석의 실제 적용 사례

AI 기술은 개인 차이를 충분히 반영하지 못했던 기존 의료의 한계를 뛰어넘을 수 있게 한다. 유전체 데이터를 분석해 각 환자에게 최적화된 치료 경로를 제시하며, 부작용을 최소화하고 치료 효과를 극대화한다.

중환자 및 응급 의학: 패혈증 예측

패혈증은 중증 질환으로 빠르게 진행될 수 있으므로 환자 예후 개선을 위해서는 시기적절한 진단이 매우 중요하다. 패혈증의 조기 예측은 적절한 항생제 요법 및 수액 소생과 같은 시기적 개입을 가능하게 하여 이환율과 사망률을 크게 줄일 수 있다. 통합 시스템이 실시간으로 검사 결과, 활력 징후, 전자의무기록 데이터를 분석하여 중환자실의 고위험 환자를 식별하고, 조기 개입을 통해 사망률을 감소시킬 수 있다(Islam et al., 2023).

종양학: 맞춤형 정밀 치료

유전체와 임상 데이터의 통합이 맞춤형 치료를 지원한다. 예를 들어 비소세포폐암 환자의 항암 화학 요법 반응은 항암 화학 요법 전 CT 영상의 머신 러닝을 기반으로 한 방사선학적 모델을 통해 예측할 수 있다. 이러한 영상 바이오마커를 활용한 이 방사선학적 모델은 비소세포폐암 환자를 계층화하고, 간단하고 비침습적이며 저렴하게 더 나은 치료 결정을 내리는 데 도움이 될 수 있다(Chang et al., 2021).

유방암에서 선행 항암 치료에 대한 병리학적 완전 반응 달성은 삼중 음성 유방암 환자 예후 개선과 관련이 있다. 78명의 삼중 음성 유방암 환자에서 채취하여 디지털화된 헤마톡실린 및 에오신 염색 조직 이미지를 심층 합성곱 신경망 기반 AI를 이용하여 반응을 예측한 결과, 암 징후가 사라진 완전 관해 환자에 대한 AI의 완전 관해 예측도는 73.7%였고, 그렇지 못한 환자의 완전 관해 부정 예측도는 76.2%로 AI가 유방암 치료에 보조로 사용될 가능성을 보였다(Krishnamurthy et al., 2023).

만성 질환 관리

전 세계적으로 만성 질환의 부담이 증가하면서 기존의 건강 관리 체계는 큰 도전에 직면해 있다. 이에 따라 당뇨병, 고혈압, 만성 폐쇄성 폐 질환(COPD) 등 주요 만성 질환의 관리에 AI를 활용한 위험 예측과 관리가 이루어지고 있다. AI는 당뇨병 환자의 혈당 수치를 실시간으로 모니터링하고, 개인화된 치료 및 생활 습관 개선 방안을 제안하는 데 활용되며, 고혈압 환자의 혈압 데이터를 지속적으로 분석하여 위험 신호를 조기에 감지하고, 약물 복용 스케줄을 최적화하는 데 사용될 수 있다. 만성 폐쇄성 폐 질환 환자의 호흡 패턴과 산소 포화도 데이터를 분석하여 급성 악화 가능성을 예측하고, 환자에게 적절한 호흡기 치료나 약물 조정을 제안하기도 한다.

AI 기술을 만성 질환 관리에 접목함으로써 환자 치료의 효율성을 높이고, 치료 전략을 최적화하며, 의료비를 절감하는 등 혁신적인 해결책을 제시할 수 있다(Pan et al., 2025).

환자 맞춤형 치료와 예측 진단

통합 데이터 분석을 통해 각 환자에게 최적화된 치료를 제공할 수 있고, AI를 사용한 데이터 분석은 질병이 발생할 가능성을 미리 알아낼 수 있게 해 준다.

맞춤형 치료

통합 데이터 분석은 환자별 맞춤 치료(Personalized Therapy)를 가능하게 한다. 예를 들어 유전체 분석을 통해 특정 유전자 변이를 보유한 환자에게 표적 치료제를 적용하는 방식이 대표적이다. HER2 과발현 유방암은 가장 공격적인 유방암 타입으로 널리 간주되며 예후가 좋지 않았다. 그러나 새롭고 독창적인 치료 전략으로 생존 결과가 현저하게 개선되고 있다. 트라스투주맙, 페르투주맙, 가장 최근에는 투카티닙 및 트라스투주맙데룩스테칸(T-DXd)과 같은 효과적인 HER2 표적 약물이 결합하여 HER2 양성 유방암 환자의 생존이 개선되고 있다(Swain et al., 2023).

관상 동맥 심장 질환과 제2형 당뇨병을 가진 환자들은 심각한 심혈관 질환 발생과 사망 위험이 크게 높아진다.

규칙적인 운동과 건강한 식습관으로 심혈관 위험 요인을 효과적으로 줄일 수 있지만, 이러한 생활 습관 개선은 대부분 오래 유지되지 않는다. 최근에는 원격 의료 시스템을 활용한 가정 중심의 생활 습관 개선 프로그램이 이러한 환자들에게 긍정적인 효과를 보여 주고 있다 (Mueller et al., 2025).

예측 진단(Predictive Diagnosis)

AI를 이용한 데이터 분석은 질병 발생 위험을 사전에 예측할 수 있게 한다. 예를 들어 심방 잔떨림(심방세동) 발생을 웨어러블 심박수 데이터로 조기에 감지하거나, 유전체 정보를 바탕으로 특정 암종의 발병 가능성을 평가하는 연구가 활발히 진행되고 있다.

특히 심장 질환, 당뇨병, 신경 퇴행성 질환(예: 알츠하이머병)에서는 조기 예측과 예방적 개입이 질병 경과를 현저히 개선할 수 있다.

환자 데이터 통합과 분석의 주요 과제

AI 모델의 편향은 데이터, 개발, 상호 작용 등에서 발생하며, 의료 AI 시스템 도입 시 윤리적 문제와 편향성을 평가하고 해결하는 것이 필수적이다.

데이터 표준화 문제

의료 데이터 표준화는 여전히 큰 과제로 남아 있다. 각 의료 기관과 전자의무기록 시스템이 서로 다른 형식과 코딩 체계를 사용하고 있어 데이터 통합이 쉽지 않은 상황이다. 예를 들어 같은 질병이라도 시스템마다 다른 용어나 코드로 기록하여 AI가 이러한 데이터를 효과적으로 분석하는 데 어려움이 있다. 이러한 문제를 해결하기 위해서는 의료계 전반에 걸쳐 통일된 데이터 표준과 코딩 체계를 도입하는 것이 필요하다(Li et al., 2024).

의료 데이터 표준 규격인 파이어(표준 고속 의료 상호 운용성 리소스, 이하 FHIR로 표기함)는 웹 기술을 기반으로 공중 보건, 연구, 근거 기반 의학 분야에서 데이터 표준화와 상호 운용성을 높이는 데 기여하는 기술이다. 그러나 리소스 내용 변경 가능성, 보안 문제, 법적 제약, 전용 서버 구축 필요성 등의 한계가 존재한다. 그럼에도 FHIR를 성공적으로 구현한다면 디지털화된 보건 연구의 발전을 촉진하는 중요한 역할을 할 것이다(Vorisek et al., 2022).

개인 정보 보호와 윤리 문제

AI 시대의 의료 분야에서는 AI 기반 의료 서비스 개발과 환자 개인 정보 보호라는 두 가지 과제를 동시에 해결해야 한다. 이를 위해 연합 학습과 하이브리드 기법 등 새로운 개인 정보 보호 기술이 주목받고 있으며, 이러한 기술들의 보안 취약점과 개선 방향에 대한 연구가 활발히 진행되고 있다(Khalid et al., 2023).

또한 설명 가능 인공지능은 AI 시스템의 의사 결정 과정을 사용자가 이해할 수 있게 만드는 기술이다. 특히 의료 분야처럼 오판의 위험이 큰 분야에서는 AI의 판단 근거를 명확히 설명할 수 있어야 하며, 이는 의료진의 신뢰를 얻고 AI를 실제 진료 현장에 도입하는 데에 핵심 요소다(Sadeghi et al., 2024).

의료 AI 시스템의 편향성 문제와 해결 과제

AI 모델의 편향은 데이터, 개발, 상호 작용 편향이라는 세 가지 유형으로 나눌 수 있다. 이는 학습 데이터의 치우침, 알고리즘 설계 과정의 편향, 임상 현장의 진료 변동성, 시간에 따른 의료 환경 변화 등 다양한 요인에서 발생한다. 따라서 의료 분야의 AI 시스템을 실제 도입할 때는 개발부터 임상 적용까지 전 과정에서 윤리적 문제와 편향성을 평가하고 해소하는 것이 필수적이다(Hanna et al., 2024).

미래 전망과 해결 과제

환자 데이터 통합과 분석은 정밀 의료의 핵심으로, AI 기술 발전과 함께 질병 예측 및 맞춤형 치료의 정확성이 크게 향상될 것이다. 웨어러블 기기와 유전체 데이터 활용 증가로 실시간 건강 모니터링과 조기 개입이 가능해질 전망이다. 그러나 데이터 표준화 부족, 개인 정보 보호, AI 편향성 등의 과제가 존재한다. 의료 시스템 간 데이터 형식을 통일하고 FHIR 같은 표준을 확대해야 한다. 또한 연합 학습 등 개인 정보 보호 기술과 설명 가능 AI로 신뢰를 구축하는 것이 중요하다. 이와 더불어 정부와 의료 기관이 협력해 데이터 공유 플랫폼을 구축하고, AI 개발에 다양한 인구 집단을 포함해 편향을 줄이려는 노력이 필요하다. 이는 공정성과 접근성을 높이며, 궁극적으로 의료 AI의 안전성과 신뢰도를 보장할 것이다.

참고문헌

Chang, R., et al.(2021). Predictive Radiomic Models for the Chemotherapy Response in Non-Small-Cell Lung Cancer Based on Computerized-Tomography Images. *Frontiers in Oncology, 11*, 646190.

Francisco, A., et al.(2025). Wearables and Atrial Fibrillation: Advances in Detection, Clinical Impact, Ethical Concerns, and Future Perspectives. *Cureus, 17*(1).

Hanna, M., et al.(2024). Ethical and Bias Considerations in Artificial Intelligence(AI)/Machine Learning. *Modern Pathology, 38*,(3) 100686.

Islam, K. R., et al.(2023). Machine Learning-Based Early Prediction of Sepsis Using Electronic Health Records: A Systematic Review. *Journal of Clinical Medicine, 12*(17), 5658.

Khalid, N., et al.(2023). Privacy-Preserving Artificial Intelligence in Healthcare: Techniques and Applications. *Computers in Biology and Medicine, 158*, 106848.

Khalifa, M. & Albadawy, M.(2024). Artificial Intelligence for Clinical Prediction: Exploring Key Domains and Essential Functions. *Computer Methods and Programs in Biomedicine Update, 5*, 100148.

Krishnamurthy, S., et al.(2023). Predicting Response of Triple-Negative Breast Cancer to Neoadjuvant Chemotherapy Using a Deep Convolutional Neural Network – Based Artificial Intelligence Tool. *JCO Clinical Cancer Informatics, 7*, e2200181.

Li, Y.-H., et al.(2024). Innovation and Challenges of Artificial Intelligence Technology in Personalized Healthcare. *Scientific Reports, 14*(1), 18994.

Mendez, K. M., et al.(2025). A Roadmap to Precision Medicine Through Post-Genomic Electronic Medical Records. *Nature Communications, 16*(1), 1700.

Molla, G. & Bitew, M.(2024). Revolutionizing Personalized Medicine: Synergy with Multi-Omics Data Generation, Main Hurdles, and Future Perspectives. *Biomedicines,*

12(12), 2750.

Mueller, S., et al.(2025). Telemedicine-Supported Lifestyle Intervention for Glycemic Control in Patients with CHD and T2DM: Multicenter, Randomized Controlled Trial. *Nature Medicine, 31,* pp.1203~1213.

Pan, M., et al.(2025). Application of Artificial Intelligence in the Health Management of Chronic Disease: Bibliometric Analysis. *Frontiers in Medicine, 11,* 1506641.

Sadeghi, Z., et al.(2024). A Review of Explainable Artificial Intelligence in Healthcare. *Computers and Electrical Engineering, 118,* 109370.

Sonehara, K. & Okada, Y.(2021). Genomics-Driven Drug Discovery Based on Disease-Susceptibility Genes. *Inflammation and Regeneration, 41,* pp.1~5.

Swain, S. M., et al.(2023). Targeting HER2-Positive Breast Cancer: Advances and Future Directions. *Nature Reviews Drug Discovery, 22*(2), pp.101~126.

Vorisek, C., et al.(2022). Fast Healthcare Interoperability Resources(FHIR) for Interoperability in Health Research: Systematic Review. *JMIR Medical Informatics, 10,* e35724.

04
AI를 활용한 약물 재창출과 맞춤형 적용

약물 개발은 전통적으로 10~15년의 시간과 약 26억 달러의 비용이 소요되는 고비용 과정이다. 그러나 AI의 발전은 신약 개발의 병목을 해결할 혁신적 가능성을 제시한다. 특히 약물 재창출과 정밀 의학 분야에서 AI는 기존 약물의 새로운 용도를 탐색하고, 유전체 및 임상 데이터를 분석해 맞춤형 치료를 지원한다.

AI와 사주?

약물 재창출에서 AI의 역할

전통적 약물 재창출은 우연적 발견에 의존하며 비효율적이다. AI는 대규모 데이터를 분석해 새로운 적응증을 도출하고, 약물 재창출의 속도와 성공률을 높인다.

전통적 약물 재창출의 한계

기존의 약물 재창출 전략은 주로 우연적 발견이나 임상의의 관찰에 의존해왔다. 대표적으로 실데나필은 원래 고혈압 치료제로 개발되었으나, 후에 발기 부전 치료제로 성공을 거두었다(Parvathaneni et al., 2019). 그러나 이 같은 전통적 접근은 체계성과 효율성이 떨어지며, 많은 기회를 놓칠 위험이 있다.

AI 기반 약물 재창출의 등장

AI는 대규모 생물학적 데이터, 약물-표적 상호 작용 데이터, 전자의무기록(EMR) 등을 분석하여, 인간이 발견하기 어려운 미세한 패턴이나 연관성을 발견하고, 특정 약물을 새로운 질병이나 증상에 적용할 수 있는 잠재적 적응증을 도출해 낸다(Fu & Chen, 2025). 특히 머신 러닝(ML, Machine Learning)과 딥 러닝(DL, Deep Learning) 모델은 수많은 후보 약물과 질병 간 연관성을 빠르게 예측할 수 있어, 약물 재창출의 속도와 성공 가능성을 비약적으로 높이고 있다.

코로나19 팬데믹 동안 AI 기반 약물 재창출

바리시티닙은 원래 류머티스 관절염 치료에 사용되는 약물인데 AI 알고리즘을 통해 코로나19 치료에도 효과가 있을 가능성이 제기되었다. 연구에 따르면 이 약물은 코로나19 환자의 염증을 유발하는 사이토카인 신호를 억제하고 인터류킨6(IL-6) 수치를 낮춰 염증 반응을 줄이는 역할을 한다. 또한 AI가 예측한 대로 바이러스가 세포에 침투하는 것을 막는 효과도 있다. 이탈리아에서 소규모 코로나19 환자 그룹을 대상으로 한 연구에서는 바리시티닙 치료가 임상적 회복과 염증 수치 감소에 긍정적인 영향을 미친 것으로 나타났다. 이는 바리시티닙이 코로나19 치료에 유망한 옵션이 될 수 있음을 보여 준다 (Stebbing et al., 2020).

AI 기반 네트워크 분석과 약물 재창출

글로벌 제약 기업 인실리코 메디신(Insilico Medicine)은 딥 러닝 기반의 AI 네트워크를 활용하여 특정 질병과 관련된 단백질 네트워크를 식별하고, 이를 바탕으로 치료에 적합한 기존 약물을 예측하는 시스템을 개발했다. 이 시스템은 유전자 발현과 생물학적 경로 정보를 분석해 병인 단백질을 찾아내고, 약물-표적 간 상호 작용을 예측함으로써 효과적인 약물 재창출 전략을 가능하게 한다. 이를 통해 신약 개발의 비용과 시간을 줄이고, 희귀 질환 등 기존 치료제가 부족한 영역에 새로운 가능성을 제시하였다(Zeng et al., 2019).

이처럼 AI는 약물의 약리 작용, 유전자 발현, 단백질 상호 작용 데이터를 통합 분석함으로써 신속하고 체계적인 약물 재창출을 가능하게 한다.

유전체 및 임상 데이터 분석을 통한 맞춤형 약물 적용

맞춤형 약물은 환자의 유전체 정보, 생활 습관 및 환경적 요인을 기반으로 설계된 치료법이다. AI는 이러한 데이터를 분석하여 각 환자에게 최적화된 약물을 제안하고, 치료 효과를 극대화하는 데 기여한다.

정밀 의료와 AI

정밀 의료(Precision Medicine)란 환자의 유전체 정보, 생활 습관, 환경적 요인을 통합하여 맞춤형 진단과 치료를 제공하는 의료 패러다임을 의미한다. AI는 복잡한 다차원 데이터를 분석하여 환자군을 세분화하고, 각 환자에 최적화된 치료법을 제시하는 데 중추적인 역할을 한다.

AI 기반 유전체 분석 사례

임상의들은 종양 내성 모델이 실제로 얼마나 적용 가능하고 해석 가능한지를 중요하게 여긴다. 모델의 해석력이 높아지면 의사들이 종양의 약물 저항성을 분자 수준에서 더 잘 이해할 수 있고, 이를 통해 더 효과적인 치료법 개발이 가능하다. 이러한 맥락에서 다중 모달 및 다중 오믹스 통합 머신 러닝(MOMLN)이라는 고급 머신 러닝 프레임워크가 주목받고 있는데, 이는 임상 특성, DNA 변이, 유전자 발현 등 다양한 데이터를 통합해 우수한 예측 성능을 보여 주고 있다. 특히 이 프레임워크는 147명의 유방암 환자를 대상으로 약물 반응을 분류할 때에 평균 AUC 0.989라는 뛰어난 성과를 달성했다는 점에서 큰 의미가 있다(Mao et al., 2025).

희귀 질환 진단 및 치료 타깃 발굴

AI 의료 바이오 기업 디프 지노믹스(Deep Genomics)는 딥 러닝 기술을 활용하여 RNA 스플라이싱 오류를 예측하고 있다. RNA 스플라이싱은 유전자가 단백질로 변환되는 과정에서 중요한 단계인데, 이 과정에서 오류가 발생하면 다양한 질환을 유발할 수 있다. 디프 지노믹스는 이러한 오류를 정확하게 찾아내어 희귀 질환 환자에게 맞춤형 치료 후보 물질을 개발하는 데 집중했다. 이를 통해 환자 개개인의 유전자 정보를 바탕으로 더욱 효과적인 치료 방법을 제시할 수 있으며, 희귀 질환의 치료 가능성을 크게 향상하고 있다. 이 기술은 환자에게 적합한 치료법을 찾는 데 중요한 역할을 하며, 정밀 의학의 발전을 이끌고 있다(Wang et al., 2023).

임상 데이터와 AI 통합

전자의무기록(EMR), 영상 데이터, 생체 신호 등 임상 데이터는 방대한 양과 비정형성 때문에 기존 분석 방법으로는 활용이 어려웠다. 그러나 AI는 이질적인 데이터를 통합하고, 치료 반응 예측 모델을 구축하는 데 탁월한 성능을 보인다(Krones et al., 2025).

예를 들어 인라이트 디프피티(ENLIGHT- DeepPT)는 병리 조직 H&E 슬라이드를 이용해 다양한 암 치료 반응을 예측하는 방법이다. 기존에는 슬라이드에서 직접 반응을 예측했지만, 인라이트 디프피티는 먼저 디프피티(DeepPT)라는 딥 러닝 프레임워크를 통해 슬라이드에서 종양의 mRNA 발현을 예측한다. 그다음 인라이트(ENLIGHT) 알고리즘을 사용해 예측된 발현값을 바탕으로 치료 반응을 예측한다. E인라이트 디프피티는 6가지 암 유형과 4가지 치료법에서 실제 반응자를 성공적으로 예측했으며, 반응률을 43.47% 향상했다(Hoang et al., 2023).

AI를 활용한 약물 구조 예측과 신약 개발 혁신

약물 재창출과 맞춤형 적용의 효율성을 높이기 위해서는, 단백질-약물 결합 구조에 대한 정확한 이해가 필수적이다. 기존에는 단백질 3차원 구조를 밝히기 위해 X선 결정학, 핵자기 공명(NMR), 전자 현미경 등을 이용해야 했으며, 이 과정은 비용과 시간이 많이 소요되었다. 그러나 최근 AI 기반 구조 예측 기술이 이러한 한계를 극복하며 신약 개발의 패러다임을 바꾸고 있다.

알파폴드와 구조 기반 약물 개발

구글 딥마인드(DeepMind)가 개발한 AI 모델 알파폴드2(AlphaFold2)는 단백질 서열만으로 고정밀 3D 구조를 예측하는 데 성공하여, 구조 생물학계에 혁명적 변화를 가져왔다. 특히 알파폴드 단백질 구조 데이터베이스(AlphaFold DB)는 2021년에 공개된 30만 개의 단백질 구조에서 2억 1400만 개 이상의 예측 단백질 구조를 축적하여 구조 생물학에 상당한 영향을 미쳤다(Varadi et al., 2024).

알파폴드3(AlphaFold3)의 주요 발전은 단백질, DNA, RNA뿐만 아니라 리간드 같은 소분자도 모델링할 수 있다는 점이다. 이는 많은 약물을 포함하여 신약 개발에 매우 중요하다. 또한 알파폴드3는 세포 기능에 중요한 분자의 화학적 변형도 모델링할 수 있다. 이 기술은 복잡한 분자 구조를 빠르게 예측하여 약물 개발의 시간과 비용을 크게 줄인다. 덕분에 연구자들은 기존의 긴 과정 없이 유망한 약물 표적에 집중할 수 있다(Desai et al., 2024).

ESM폴드 등 최신 AI 구조 예측 기술

알파폴드2(AF2), ESM폴드(ESMFold), 로제타폴드(RoseTTAFold), 오픈폴드(OpenFold)는 단백질 구조 예측에 각각 다른 전략을 사용한다. ESM폴드 AI 모델은 개별 서열을 이용해 시간 효율적이며, 특히 상동체가 없는 고아 단백질에 유용하다. ESM폴드는 알파폴드2보다 훨씬 빠르게 예측한 구조를 구축할 수 있어, 방대한 서열 데이터를 처리하는 데 매우 중요하다. 이를테면 매개 변수 수가 더 적은 ESM폴드는 단일 엔비디아 V100 GPU에서 384개의 잔기를 가진 단백질을 단 14.2초 만에 예측하며, 이는 알파폴드2보다 약 6배 빠른 결과를 보였다(Qiu et al., 2024).

AI를 활용한 신약 개발의 한계와 문제점

AI 기반 신약 개발은 혁신적인 잠재력에도 불구하고 상당한 제약에 직면해 있다. 주요 과제로는 데이터 제약, 알고리즘 편향성, 기존 방법과의 통합 장벽, 그리고 미해결된 규제 문제들이 있다. 이러한 문제들이 임상 성공률 향상이나 비용 절감에서 AI의 효과적인 활용을 저해하고 있다.

데이터의 한계

1) 품질과 가용성

AI 모델은 방대한 고품질 데이터 세트를 필요로 하나, 신약 개발은 주로 임상 시험, 유전체학, 실험실 실험에서 나온 단편적이고 낮은 품질의 데이터에 의존하고 있다. 신규 화합물과 희귀 질환에 대한 작은 데이터 세트는 이 문제를 더욱 악화해 신뢰성 없는 예측을 초래하고 있다 (Buntz, 2023).

2) 부정적 데이터의 부재

실패한 실험 및 실패한 임상 시험은 거의 발표되지 않기 때문에 AI가 과거의 실수를 피하는 데 필요한 주요 정보가 부족하다. 이로 인해 AI는 실패의 근본 원인은 무시한 채 알려진 성공 사례만을 최적화하는 "생존자 편향"을 보인다(Sun, 2025).

3) 합성 데이터

합성 데이터가 제한된 데이터 세트를 보완할 수 있지만, 종종 임상적 관련성이 부족하고 부정확성을 초래할 수 있다.

편향성과 윤리적 우려

1) 알고리즘 편향

훈련 데이터는 종종 다양한 인구 통계를 충분히 반영하지 못해, 인종, 성별, 연령대별 약물 안전성과 효능에서 불평등을 고착화하는 AI 모델을 만들어 낸다. 예를 들어 임상 시험 참여자 모집의 편향으로 누락된 집단에게는 효과가 없는 약물이 개발될 수 있다(Spencer-Jolliffe, 2024).

2) 블랙박스의 투명성

복잡한 AI 모델은 해석이 어려워 규제 기관이나 임상의에게 AI가 내린 의사 결정을 설명하기 어렵다. 이러한 불투명성은 신뢰와 규제 승인을 복잡하게 만들고 있다.

규제 및 기술적 과제

규제 기관이 AI 기반 프로세스를 검증할 프레임워크가 부족하고, AI 인프라와 전문성을 소규모 기업이 활용하기에는 감당하기 어려울 정도로 비싸며, 낮은 품질의 데이터나 결함 있는 모델로 인해 잘못된 약물 후보가 생성되는 문제점이 있다. 이러한 과제들을 해결하기 위해서는 학제 간 협력, 개선된 데이터 표준, AI의 신약 개발 잠재력을 완전히 발휘하기 위한 규제 혁신이 필요하다.

미래 전망과 해결 과제

AI는 약물 개발의 패러다임을 바꾸며, 신약 발견과 맞춤형 치료의 속도를 높일 전망이다. 앞으로 AI는 대규모 화합물 데이터베이스를 활용해 잠재적 약물 후보를 신속히 선별하고, 환자별 반응 예측으로 임상 시험의 성공률을 높일 것으로 기대된다. 또한 가상 스크리닝 기술로 개발 비용을 절감할 가능성도 크다. 그러나 데이터의 신뢰성 부족, AI 모델의 편향, 규제적 불확실성 같은 해결해야 할 과제가 존재한다. 이를 해결하려면 다양한 환자군 데이터를 포함해 편향을 줄이고, 실패 사례 데이터까지 통합해 예측 정확도를 높여야 한다. 더불어 AI 기반 약물 개발의 안전성을 보장하기 위해 투명한 알고리즘 검증과 국제적 규제 기준 마련이 필요하며, 산업계와 규제 기관 간 협력이 필수적이다.

참고문헌

AlphaFold DB(2025), https://alphafold.ebi.ac.uk

Buntz, B.(2023.6.21). Why AI Alone Won't Resolve Drug Discovery Challenges. Drug Discovery & Development. https://www.drugdiscoverytrends.com/ai-in-drug-discovery-analysis/

Desai, D., et al.(2024). Review of AlphaFold 3: Transformative Advances in Drug Design and Therapeutics. *Cureus, 16*(7).

Fu, C. & Chen, Q.(2025). The Future of Pharmaceuticals: Artificial Intelligence in Drug Discovery and Development. *Journal of Pharmaceutical Analysis*, 101248.

Hoang, D.-T., et al.(2023). Prediction of Cancer Treatment Response from Histopathology Images Through Imputed Transcriptomics. *Research Square*, rs.3.rs-3193270.

Krones, F., et al.(2025). Review of Multimodal Machine Learning Approaches in Healthcare. *Information Fusion, 114*, 102690.

Mao, Y., et al.(2025). Emerging Artificial Intelligence-Driven Precision Therapies in Tumor Drug Resistance: Recent Advances, Opportunities, and Challenges. *Molecular*

Cancer, 24, 123.

Parvathaneni, V., et al.(2019). Drug repurposing: A promising tool to accelerate the drug discovery process. *Drug Discovery Today, 24*(10), pp.2076~2085. DOI: 10.1016/j.drudis.2019.06.014

Qiu, X., et al.(2024). Advances in AI for Protein Structure Prediction: Implications for Cancer Drug Discovery and Development. *Biomolecules, 14*(3), 339.

Spencer-Jolliffe, N.(2024.4.2). Can Pharma Overcome Generative AI's Bias Problem?. https://www.pharmaceutical-technology.com/features/can-pharma-overcome-generative-ais-bias-problem/

Stebbing, J., et al.(2020). Mechanism of Baricitinib Supports Artificial Intelligence-Predicted Testing in COVID-19 Patients. *EMBO Molecular Medicine, 12*(8), e12697.

Sun, D.(2025). Will AI Revolutionize Drug Development? Researchers Explain Why It Depends on How It's Used. The Conversation. https://theconversation.com/will-ai-revolutionize-drug-development-researchers-explain-why-it-depends-on-how-its-used-245520

Varadi, M., et al.(2024). AlphaFold Protein Structure Database in 2024: Providing Structure Coverage for Over 214 Million Protein Sequences. *Nucleic Acids Research, 52*(D1), pp.D368~D375.

Wang, R., et al.(2023). Splicing Defects in Rare Diseases: Transcriptomics and Machine Learning Strategies Towards Genetic Diagnosis. *Briefings in Bioinformatics, 24*(5), bbad284.

Zeng, X., et al.(2019). deepDR: A Network-Based Deep Learning Approach to in Silico Drug Repositioning. *Bioinformatics, 35*(24), pp.5191~5198.

05
정신 건강과 AI 맞춤형 치료

현대 사회의 빠른 변화로 정신 질환이 늘어나면서 전통적 치료의 한계가 드러나고 있다. AI는 데이터 분석을 통해 우울증 조기 진단과 맞춤형 처방을 가능하게 하며, AI 챗봇은 24시간 심리 상담을 지원한다. 다만 데이터 프라이버시와 신뢰성 문제는 여전히 남아 있는 과제로, 개인정보 보호와 엄격한 규제 기준이 필요하다.

AI와 아이돌?

AI를 활용한 정신 건강 문제의 조기 감지

최근 사회의 빠른 변화로 인해 정신 질환이 증가하여 세계보건기구(WHO)는 2021년도 전 세계 우울증 환자가 약 2억 8천만 명에 달한다고 추정한다(World Health Organization, 2023). 이러한 상황에서 AI 기술은 정신 건강 문제를 조기에 감지하고 예방하는 데 중요한 도구로 주목받고 있다.

다중 모달을 통한 감정 분석

다중 모달 AI는 다양한 감각 정보를 동시에 분석하여 인간의 심리 상태를 파악한다. 음성의 톤과 속도, 얼굴 표정의 변화, 자세와 몸짓, 텍스트 내용, 심박수나 호흡에 이르는 여러 생체 신호 정보를 종합적으로 수집하여 분석한다. 이렇게 여러 채널의 데이터를 통합하여 분석하면 단일 정보만 사용할 때보다 더 정확하게 감정 상태를 파악할 수 있으며, 의도적인 감정 위장도 탐지할 수 있다. 이러한 기술은 정신 건강 진단이나 교육 환경에서 학습자 상태 분석 등 다양한 분야에 활용된다(Udahemuka et al., 2024).

우울증 환자들은 건강한 사람과 구별되는 특징적인 얼굴 표정과 자세를 보인다. 이러한 행동 특성을 AI 기술과 결합하면 우울증의 조기 진단 효율을 크게 높일 수 있다. 146명의 피험자를 대상으로 딥 러닝 기술을 활용하여 얼굴 표정과 자세 데이터를 통합 분석하는 종단간(end-to-end) 다중 모달 인식 모델을 개발했으며, 이를 통해 우울증을 신속하고 정확하게 선별할 수 있음을 입증했다(Liu et al., 2025).

웨어러블 기기와 생체 신호 분석

웨어러블 기기에서 수집되는 심박수, 수면 패턴, 신체 활동량 등의 데이터를 AI가 분석하여 정신 질환의 징후를 예측할 수 있다. 기분 장애 환자는 수면 주기 변화, 심박수 변동성 감소 등의 생리학적 신호를 보이는 경우가 많다. AI는 웨어러블 기기에서 수집된 데이터를 분석하여 스트레스와 같은 정신 질환의 영향을 예측하는 데 도움을 줄 수 있다(Abd Al-Alim et al., 2024).

애플 워치는 이러한 데이터를 실시간으로 수집하고 있으며, 최근에는 이 데이터를 이용하여 초기 스트레스, 불안, 우울 증상을 경고하는 기능이 추가되었다. 애플 워치는 실시간 데이터 수집을 통해 사용자의 스트레스 상태를 71% 확률로 예측하고, 이완 상태를 79% 확률로 예측하는 기능을 제공한다(Lui et al., 2022).

소셜 미디어 데이터 기반 예측

소셜 미디어 데이터를 활용하여 감정 분석, 이모티콘 분석, 시간 분석, 트윗 통계와 관련된 여러 연구가 자살 생각에 대한 태도와 사용된 특징 간의 관계를 탐구했다. 다양한 머신 러닝 알고리즘을 통해 추출한 특징을 기반으로 학습된 모델을 평가했다. 언어적 특징, 주제적 특징, 감정 분석, 성격 분석, 단어 빈도, 시간적 특징 등 다양한 특징을 데이터 세트에서 추출했으며, 이러한 모든 특징이 자살 관련 게시물과 일반 게시물을 효과적으로 구분하는 데 유용함을 실험적으로 입증했다(Chatterjee et al., 2022).

개인 맞춤형 치료를 위한 AI의 역할

정신 건강 분야에서 AI는 환자의 반응을 조기에 감지하고 맞춤형 치료 방식을 혁신적으로 변화시키며 중요한 역할을 수행하고 있다.

유전자 기반 맞춤형 정신과 치료

AI는 유전체 데이터를 분석하여 특정 항우울제나 항불안제에 대한 환자의 반응을 예측할 수 있다.특히 약물유전체학(Pharmacogenomics)을 기반으로 한 AI 분석은 약물 부작용을 최소화하고 치료 성공률을 높이는 데 기여한다. 예를 들어 특정 CYP2C19 유전자 변이를 가진 환자는 일반적으로 널리 쓰이는 SSRI 계열 항우울제에 대한 반응이 감소할 수 있으며, AI는 이러한 정보를 기반으로 대체 약물을 추천할 수 있다(Campos et al., 2022).

디지털 치료제와 AI 챗봇

디지털 치료제(DTx)는 다양한 질병과 장애를 치료, 관리, 예방하기 위해 설계된 임상적으로 검증된 증거 기반 소프트웨어 중심의 중재 방법이다. 의료 분야의 AI 챗봇은 AI를 활용해 환자와 의료 제공자와 상호 작용하며 지원과 정보를 제공하고, 경우에 따라 치료적 중재까지 제공하는 지능형 가상 비서다. 디지털 치료제와 AI 챗봇의 융합은 특히 만성 질환 관리와 정신 건강 분야에서 의료 서비스 제공 방식을 빠르게 변화시키고 있다.

AI 기반 챗봇은 최근 정신 건강 관리 분야에서 매우 주목받고 있다. 챗봇은 환자와의 지속적 대화를 통해 정서적 지원을 제공하고, 스트레스, 우울, 불안 증상을 완화하는 데 도움을 주며 특히 접근성, 익명성, 비용 효율성 측면에서 강점을 가진다. 정신 건강 서비스를 이용하기 어려운 지역이나 의료진이 부족한 환경에서 대안적 역할을 할 수 있다(Farvolden, 2024).

다트머스 대학의 최근 연구에 따르면, 생성형 AI 정신 건강 챗봇을 활용하면 우울증, 불안, 섭식 장애 증상이 감소하는 것으로 나타났다. 이는 이런 종류의 무작위 대조 시험으로는 처음이다. 210명의 참여자 중 주요 우울 장애나 전반성 불안 장애의 임상적 중요 증상이 있거나 섭식 장애 및 섭식 장애에 대한 위험이 높은 사람 106명이 다트머스 임상의들이 개발한 정신 건강 AI 챗봇인 테라봇(Therabot)를 이용했다. 테라봇 사용자들은 증상이 임상적으로 유의미하게 감소되었으며, 애플리케이션 준수율이 높았다. 주요 우울 장애는 51%, 범불안 장애는 31%, 섭식 장애는 19% 감소했다. 이 연구는 생성형 AI가 인간 치료사와 유사한 관계를 형성하여 개인화된 치료를 제공할 수 있음을 보여 주었다(Beavins, 2025).

이러한 챗봇 기반 상담은 특히 다음과 같은 강점을 가진다.

- 24시간 접근 가능
- 즉각적 감정 지원 제공
- 대면 상담의 낙인(stigma) 회피
- 초기 증상 단계에서 개입 가능

챗봇과 기존 치료를 비교한 연구의 예로 우크라이나 내전 상황에서 심리적 응급 처치 챗봇 '프렌드(Friend)'의 효과를 평가한 연구가 있다. 전투 지역에서 위험한 상황을 겪은 104명의 여성 참여자 모두 불안 장애 진단을 받았다. 프렌드 챗봇을 사용한 그룹은 불안과 우울 증상이 각각 30%, 35% 감소했지만, 대조군은 각각 45%, 50% 감소했다. 이는 프렌드 챗봇이 불안 감소에 유용하지만, 전통적 치료가 더 효과적임을 보여 준다. 챗봇이 기존 치료를 대체할 수 있을지 아직은 의문이다. 하지만 AI 지원과 인간 상호 작용을 결합한 하이브리드 모델은 특히 서비스가 부족한 지역이나 응급 상황에서 정신 건강 관리를 최적화할 수 있을 것으로 예상된다(Spytska, 2025).

AI 기반 정신 건강 플랫폼의 실제 사례

AI에 기반한 플랫폼은 개개인의 정신 건강 상태와 필요에 맞춘 개인화된 치료 계획을 설계하고, 지속적인 모니터링을 통해 치료 효과를 극대화하는 데 기여하고 있다.

이어킥

이어킥(Earkick)은 실시간 생체 신호 분석과 다중 모달 대형 언어 모델(LLM)을 결합하여 사용자의 감정 상태를 추적하고 지원하는 플랫폼이다. 음성, 표정, 대화 패턴을 분석하여 개인화된 피드백을 제공하며, 사용자의 필요에 따라 지속적으로 적응한다(Stephan, 2023).

소울메이트

소울메이트(SouLLMate)는 대형 언어 모델과 검색 증강 생성(RAG) 기술을 활용하여 자살 위험을 조기에 탐지하고, 개인화된 상담을 제공한다. 전문가가 주석한 실제 데이터를 기반으로 평가 방법을 개발하여, 위험 징후를 정확히 파악하고 대응한다. 사용자 프로필에 따라 맞춤형 대화를 제공하여 효과적인 지원을 할 수 있다(Guo et al., 2024).

와이사

와이사(Wysa)는 AI 기반 챗봇으로 24시간 감정적 지원과 인지 행동 치료(CBT) 기반 자가 관리 도구를 제공하며 스트레스와 불안 관리에 도움을 준다. AI 챗봇과 더불어 면허를 가진 전문 상담사와의 연계가 가능한 하이브리드 모델을 운영한다. 90개 이상의 국가에서 500만 명 이상의 사용자를 지원했으며, 임상적으로 검증받아 미국 식품의약국(FDA)으로부터 혁신 의료 기기 지정을 받아 전통적 방법보다 빠르게 치료 옵션을 개선할 가능성을 인정받았다(Meinert, 2025).

유퍼

유퍼(Youper)는 AI를 활용해 개인 맞춤형 정신 웰니스 지원을 제공하는 앱이다. 인지 행동 치료(CBT), 수용 전념 치료(ACT), 변증법적 행동 치료(DBT)와 같은 근거 기반 치료법을 통합한다. 매일 감정 점검과 기분 추적을 통해 사용자의 감정 패턴에 적응하며, 스탠퍼드대 연구에서 사용자 80%가 삶의 질이 향상하였다고 보고해 임상적 검증을 받았다(Ollie, 2025).

워봇

워봇(Woebot)은 대화형 인지 행동 치료(CBT)를 전문으로 하는 AI 챗봇으로, 불안과 우울증이 있는 대학생들에서 우울증 증상이 현저히 감소하는 것이 관찰되었다. 사용자 응답을 분석해 실시간 피드백을 제공하며 24시간 정신 건강 지원이 가능하다. 행동 건강 분야에서 AI의 선두 주자로, 광범위한 연구를 통해 입증된 플랫폼이다(Haque & Rubya, 2023).

윤리적 고려 사항과 한계

AI 챗봇은 정신적·정서적 웰빙 개선, 특정 정신 건강 질환 해결, 행동 변화 촉진에서 잠재적 이점을 보여 준다. 그러나 사용성, 참여도, 기존 의료 시스템의 통합과 관련된 과제들이 발견되었다. AI 챗봇은 정신 건강 중재 분야에서 가능성을 제시하지만, 광범위하게 도입되려면 사용성, 참여도, 의료 시스템과의 통합을 개선하는 것이 필요하다. 개인화 및 상황별 적응을 강화하는 것이 핵심이다(Casu et al., 2024).

정신 건강 분야에서 챗봇의 활용은 아직 초기 단계이므로 매우 신중하게 접근해야 한다. 이러한 기술은 단순히 정신 건강 전문가 부족을 보완하는 데 그치지 않고, 취약 계층을 대상으로 정신 건강 서비스 접근성을 높이는 데에도 활용되어야 한다. 정부는 AI 정신 건강 챗봇이 부담해야 할 한계와 역할을 명확히 하기 위해 전통적인 정신 건강 서비스의 접근성을 높이고 윤리적 프레임워크를 구축하는 데 투자해야 한다. 적절한 감독과 사용자 및 정신 건강 전문가의 협력, 사용자 데이터와 개인 정보 보호를 위한 윤리적 프레임워크가 마련된다면, 정신 건강 AI 챗봇은 치료사를 대체하는 것이 아니라 보조하는 데 큰 도움이 될 수 있다(Khawaja & Belisle-Pipon, 2023).

정신 건강 분야 AI의 미래 전망과 해결 과제

AI 기술은 정신 건강 분야에서 혁신적인 변화를 가져올 잠재력을 가지고 있다. 앞으로 AI는 더욱 정교한 감정 인식과 예측 모델을 통해 정신 질환의 예방과 조기 개입을 강화할 것으로 기대된다. 특히 실시간 모니터링과 개인 맞춤형 치료법의 발전으로 정신 건강 관리의 접근성이 크게 향상될 것이다. 그러나 AI에 대한 과도한 의존은 인간적 공감과 전문가의 개입을 소홀히 할 위험을 낳는다. 게다가 기술적 편향이나 잘못된 진단 가능성도 여전히 문제로 남아 있다. 이를 해결하기 위해 AI 시스템의 투명성을 높이고, 지속적인 검증과 피드백 체계를 구축하는 것이 중요하다. 궁극적으로 AI와 인간 전문가의 협력 모델이 정신 건강 서비스의 질을 높이는 데 핵심이 될 것이다.

참고문헌

Abd Al-Alim, M., et al.(2024). A Machine-Learning Approach for Stress Detection Using Wearable Sensors in Free-Living Environments. *Computers in Biology and Medicine, 179*, 108918.

Beavins, E.(2025). Gen AI Chatbot Effectively Treats Depression, Anxiety, Eating Disorders: Study. Fierce Healthcare.

https://www.fiercehealthcare.com/ai-and-machine-learning/gen-ai-chatbot-effectively-treats-depression-anxiety-eating-disorders-study

Campos, A. I., et al.(2022). Impact of CYP2C19 Metaboliser Status on SSRI Response: A Retrospective Study of 9500 Participants of the Australian Genetics of Depression Study. *The Pharmacogenomics Journal, 22*(2), pp.130~135.

Casu, M., et al.(2024). AI Chatbots for Mental Health: A Scoping Review of Effectiveness, Feasibility, and Applications. *Applied Sciences, 14*, 5889.

Chatterjee, M., et al.(2022). Suicide Ideation Detection from Online Social Media: A Multi-Modal Feature Based Technique. *International Journal of Information Management Data Insights, 2*(2), 100103.

Farvolden, P.(2024). AI Chatbots Break Down Barriers to Much-Needed Mental Health Treatments. https://www.rgare.com/knowledge-center/article/ai-chatbots-break-down-barriers-to-much-needed-mental-health-treatments

Guo, Q., et al.(2024). SouLLMate: An Application Enhancing Diverse Mental Health Support with Adaptive LLMs, Prompt Engineering, and RAG Techniques. arXiv:2410.16322.

Haque, M. R. & Rubya, S.(2023). An Overview of Chatbot-Based Mobile Mental Health Apps: Insights from App Description and User Reviews. *JMIR mHealth and uHealth, 11*(1), e44838.

Khawaja, Z. & Belisle-Pipon, J.-C.(2023). Your Robot Therapist Is Not Your Therapist: Understanding the Role of

AI-Powered Mental Health Chatbots. *Frontiers in Digital Health, 5*, 1278186.

Liu, Y., et al.(2025). Multimodal Depression Recognition and Analysis: Facial Expression and Body Posture Changes Via Emotional Stimuli. *Journal of Affective Disorders, 381*, pp.44~54.

Lui, G., et al.(2022). The Apple Watch for Monitoring Mental Health-Related Physiological Symptoms: Literature Review. *JMIR Mental Health, 9*(9), e37354.

Meinert, E.(2025). Real World Testing of AI Mental Health App. University of Plymouth. https://www.plymouth.ac.uk/research/centre-for-health-technology/real-world-testing-of-ai-mental-health-app

Ollie(2025). 8 Best AI Mental Health Apps for 2025. Meditate Mate. https://mymeditatemate.com/blogs/wellness-tech/best-ai-mental-health-apps

Spytska, L.(2025). The Use of Artificial Intelligence in Psychotherapy: Development of Intelligent Therapeutic Systems. *BMC Psychology, 13*(1), 175.

Stephan, K. A.(2023.11.1). Earkick Unveils Evidence Supporting AI's Real-Time Impact on Mental Health Improvement. Business Wire. https://www.businesswire.com/news/home/20231101899856/en/Earkick-Unveils-Evidence-Supporting-AIs-Real-Time-Impact-on-Mental-Health-Improvement

Udahemuka, G., et al.(2024). Multimodal Emotion Recognition Using Visual, Vocal and Physiological Signals: A Review. *Applied Sciences, 14*(17), 8071.

World Health Organization(2023). Depressive Disorder. https://www.who.int/news-room/fact-sheets/detail/depression

06

AI와 면역 치료

AI는 암 면역 치료의 효과를 높이는 데 중요한 역할을 한다. 면역 항암제의 낮은 반응률과 치료 반응 예측의 어려움을 해결하기 위해 AI는 환자 데이터와 종양 특성을 분석해 치료 반응을 예측하고 맞춤형 치료를 제안한다. 이를 통해 치료 성공률을 높이고 환자 예후를 개선할 가능성을 키운다.

AI와 야구?

면역 항암제의 한계와 AI의 역할

암 치료는 지난 수십 년간 괄목할 만한 발전을 이루었으나, 여전히 많은 환자들이 치료 저항성과 예후 불량이라는 문제에 직면하고 있다. 특히 면역 항암제는 일부 환자에게는 극적인 생존 혜택을 제공하지만, 전체 환자 집단에서 반응률은 상대적으로 낮고 예측 또한 어렵다.

AI는 복잡하고 고차원적인 생체 데이터를 빠르고 정밀하게 분석함으로써, 환자 개개인의 면역 환경을 정량화하고 예측하는 새로운 패러다임을 제시하고 있다(Xu et al., 2021).

AI는 특히 면역 세포의 활성 패턴, 종양 미세 환경(TME), 유전자 발현 프로파일, 영상 데이터 등 다양한 다중 오믹스(-ome 접미사가 붙는 분자생물학적 유기체의 총칭) 데이터를 통합적으로 분석하는 데 강점을 보이며, 이를 통해 '어떤 환자가 면역 치료에 반응할 것인가', '어떤 항암제를 병합해야 최적의 치료가 가능한가'와 같은 핵심적인 임상 질문에 실질적인 해답을 제공하고 있다(Xu et al., 2021).

면역 치료의 진화와 AI의 개입

면역 치료는 인체 고유의 면역계가 암세포를 인식하고

제거하도록 유도하는 치료로, 특히 면역 관문 억제제(immune checkpoint inhibitors)의 도입은 여러 암종에서 획기적인 생존 향상을 가져왔다. 그러나 면역 치료는 모든 환자에게 동일한 효과를 보이지 않으며, 일부에서는 심각한 면역 관련 부작용도 유발한다(Sharma et al., 2023). 이러한 배경에서 AI는 치료 반응을 예측하고, 적절한 환자군을 선별하며, 복합 치료 전략을 설계하는 데 중요한 도구로 활용되고 있다.

이를테면 최근 개발된 AI 모델 스코피오(SCORPIO)는 21개 암종의 환자에 대해 면역 관문 억제제 치료 반응을 예측할 수 있으며, 치료 효과를 예측할 때 종양 돌연변이 총량 검사(TMB)나 PD-L1 염색 검사보다 더 뛰어난 결과를 보여 주었다. 또한 스코피오는 여러 환자 그룹에서도 전체 생존율을 예측할 때 일관된 성능을 유지했다(Yoo et al., 2025).

AI 기반 면역 세포 활성 패턴 분석

면역 세포 활성의 양상은 환자의 면역 상태와 치료 반응을 결정짓는 핵심 요소다. 특히 T 세포의 클론성, 사이토카인 발현, 면역 억제 세포의 비율 등은 면역 치료의 예후와 밀접한 연관이 있다(Waldman et al., 2020). 기존의 분석은 제한된 바이오마커에 의존했으나, AI는 대규모 유전체 및 전사체 데이터를 통해 훨씬 정밀한 패턴 인식이 가능하다.

개인 맞춤형 암세포 면역 치료법 개발의 핵심은 종양 반응성 T 세포 수용체(이하 TCR로 표기함)를 식별하는 것이다. 이를 위해 TRTpred라는 예측 도구를 만들어 종양 반응성 TCR을 평가하고, 개인 맞춤형 T 세포 치료에 유의미한 TCR 조합을 도출했다. 세 단계의 MixTRTpred는 많은 고형암 환자에게 개인 맞춤형 TCR 기반 치료가 가능함을 시사하며, 종양 반응성 점수가 높은 TCR을 선택해 최적화된 목록을 제공한다(Waldman et al., 2020).

리 니(Li Ni) 등은 위암 환자를 대상으로 AI를 활용하여 단일 세포 RNA 염기 서열(sequencing) 데이터를 분석했다. 그 결과 아포지방단백 E(APOE) 유전자가 위암 진행에 영향을 미친다는 사실을 밝혀냈다(Li et al., 2025). 이는 아포지방단백 E가 치료 표적으로서의 가능성을 보여 주며, 정밀 의학의 새로운 길을 제시한다. 이 접근 방식은 기존의 생물학적 방법보다 훨씬 더 복잡한 계층적 구조를 이해하는 데 효과적이다.

AI와 개인 맞춤형 암 백신 개발

최근 신항원 연구가 발전하면서 암 백신 등 종양 면역 치료법의 개발이 가속화되고 있다. 신항원은 종양 세포에서 생성되는 새로운 항원으로, 면역 반응을 유발한다. 차세대 염기 서열 분석 기술(NGS) 덕분에 신항원의 신속한 식별이 가능해졌으며, 이는 개인 맞춤형 암 치료의 새로운 표적이 되었다. 신항원 기반 치료의 이해와 간소화는 암 치료법 발전에 기여할 것이다(Xie et al., 2023). 그러나 어떤 신항원이 효과적으로 면역 반응을 유도할지는 예측이 어렵고, 발현 빈도 또한 환자마다 다르다.

AI 모델은 이러한 신항원의 면역 반응 유도 능력 평가를 돕고 있다. AI 도구를 통해 신항원 예측의 정확도가 향상되었으며, 신항원 식별 절차도 많이 발전했다. 기존 방법들은 T 세포 반응 예측에 어려움을 겪고 있어 새로운 AI 기반 알고리즘 개발이 필요하다. 면역원성 신항원 예측에는 과제가 남아 있지만, AI의 발전 덕분에 신항원 기반 면역 치료의 발전이 기대된다(Cai et al., 2023).

알라 불라셉스카(Alla Bulashevska) 등은 AI가 환자 종양의 유전체 프로파일을 분석해 개인 맞춤형 암 치료법을 개발하는 데 유용하다고 보고했다(Bulashevska et al., 2024). AI 도구는 돌연변이 펩타이드의 면역 반응을 예측하여 신항원을 식별하며 신항원 후보를 효율적으로 찾도록 돕는다. 이렇듯 환자 데이터에서 후보 펩타이드를 선정하고, AI 모델로 순위를 매겨 개인 맞춤형 암 치료 백신을 설계할 수 있다.

통합 데이터 분석: 영상, 오믹스, 임상 정보의 융합

정밀한 면역 치료 전략을 수립하려면 방사선 영상, 유전체, 전사체, 단백체, 대사체 등의 오믹스 데이터와 임상 정보를 하나의 플랫폼에서 통합 분석하는 기술이 필수적이다. 하지만 다양한 데이터의 형식과 해상도 차이로 인해 이러한 통합 분석은 기술적으로 복잡한 과제였다.

다중 모달 분석과 딥 러닝의 중요성

암 치료 과정에서는 다양한 유형의 데이터가 생성된다. 이러한 데이터를 활용한 다중 모달 분석은 복잡한 질병을 다루는 임상 현장에 매우 적합하다. 정확한 진단과 개인 맞춤형 치료에 대한 필요성이 증가함에 따라 데이터를 효과적으로 사용하는 것이 점점 더 중요해지고 있다. 딥 러닝의 성공은 의료 AI 분야에서 종양 진단과 치료 기술을 크게 발전시켰다. 다중 모달 융합 방식은 종양학에서 데이터를 통합하는 강력한 도구로서 큰 잠재력을 가지고 있다(Yang et al., 2025).

AI를 통한 면역 요법 반응 예측

AI는 조직 병리 슬라이드와 CT 스캔 같은 복잡한 이미지를 활용하고, 다중 오믹스 데이터(유전체학, 전사체학, 후성 유전체학, 단백체학, 방사선학)에서 정보를 추출해 임상 데이터(병력, 실험실 검사, 인구 통계 정보)와 통합한다. 이를 통해 면역 요법에 반응하는 환자와 그렇지 않은 환자를 구별할 수 있다. 면역 요법의 주요 과제 중 하나는 어떤 환자가 요법의 혜택을 볼 가능성이 있는지 판별하는 것이다(Bulashevska et al., 2024).

머스크 AI 모델의 성과

실제 사례로 스탠퍼드 의대 연구진은 시각 및 언어 정보를 통합할 수 있는 AI 모델인 머스크(MUSK)를 개발했다. 이 모델은 5천만 장의 병리학 이미지와 10억 건 이상의 텍스트를 학습하여, 암 환자의 예후 예측과 면역 치료 효과가 큰 환자 식별에서 뛰어난 성능을 보였다. 머스크는 환자의 생존율을 75%의 정확도로 예측했으며, 이는 기존의 64%보다 높다. 비소세포성 폐암에서 면역 요법 효과를 77%의 정확도로 식별했고, 이는 표준 방법의 61%보다 우수하다. 또한, 흑색종 환자의 재발 가능성을 83%의 정확도로 예측하여 다른 모델보다 12% 더 정확하다. 연구진은 머스크 AI 모델이 환자 치료를 혁신할 것으로 기대한다(Conger, 2025).

AI 면역 치료의 미래 전망과 과제

현재 AI는 면역 치료의 복잡성과 불확실성을 해결하는 데 핵심적인 역할을 하고 있다. 면역 세포 활성도 측정, 치료 반응 예측, 개인화된 백신 및 T 세포 설계, 복합 생체 지표 통합 분석 등 다양한 분야에서 AI는 임상의의 의사 결정을 지원하거나 주도하며 중요한 기술로 자리 잡았다(Xu et al., 2021).

AI 면역 치료의 미래 전망

AI는 면역 치료의 정밀성을 획기적으로 향상하며 환자 맞춤형 전략을 제공할 잠재력을 가지고 있다. 앞으로 10년 이내에 AI는 단순한 진단과 예측을 넘어 치료 설계와 시술 계획까지 포함하는 '의료 동반자'로 진화할 것으로 기대된다. 이는 암 치료의 패러다임을 바꾸고, 환자 개개인에게 최적화된 치료법을 제공하는 데 크게 기여할 것이다.

AI 면역 치료의 해결 과제

AI가 면역 치료 분야에서 신뢰받고 실질적인 효과를 발휘하기 위해서는 몇 가지 중요한 과제를 해결해야 한다.

임상 검증과 재현성: AI 알고리즘의 임상 시험을 통한 실제 검증과 여러 기관에서의 재현성을 확보해야 한다.

공정성과 해석 가능성: 공정하고 해석 가능한 AI 모델을 개발하여 결과에 대한 신뢰를 높여야 한다.

사용자 친화적 플랫폼: 의료진과 환자가 모두 신뢰할 수 있는 직관적이고 사용자 친화적인 플랫폼을 구축해야 한다.

생물학적 의미 해석: 생물학적 의미를 해석할 수 있는 AI 설계로 발전하여 의학적 통찰을 제공해야 한다.

데이터 보안과 개인 정보 보호: 데이터 보안과 개인 정보 보호를 위한 엄격한 규제와 기술적 설루션을 마련해야 한다.

지속적 학습과 업데이트: AI 시스템이 최신 의학 지식과 치료법을 반영할 수 있도록 지속적인 학습과 업데이트 체계를 구축해야 한다.

이러한 과제들이 해결된다면, AI는 면역 치료 분야에

서 더욱 신뢰받는 도구로 자리 잡고 암 치료의 미래를 혁신적으로 변화시킬 것이다.

참고문헌

Bulashevska, A., et al.(2024). Artificial Intelligence and Neoantigens: Paving the Path for Precision Cancer Immunotherapy. *Frontiers in Immunology, 15*, 1394003.

Cai, Y., et al.(2023). Artificial Intelligence Applied in Neoantigen Identification Facilitates Personalized Cancer Immunotherapy. *Frontiers in Oncology, 12*, 1054231.

Conger, K.(2025). Unique Stanford Medicine-Designed AI Predicts Cancer Prognoses, Responses to Treatment. Stanford Medicine News Center. https://biox.stanford.edu/highlight/unique-stanford-medicine-designed-ai-predicts-cancer-prognoses-responses-treatment

FDA(2025). Artificial Intelligence and Machine Learning in Software as a Medical Device. https://www.fda.gov/medical-devices/software-medical-device-samd/artificial-intelligence-and-machine-learning-software-medical-device

Li, N., et al.(2025). Artificial Intelligence-Driven Integration of Single-Cell RNA Sequencing and Transcriptome Analysis to Decipher APOE's Role in Gastric Cancer Prognosis and Therapy. *Discover Oncology, 16*(1), pp.1~19.

Sharma, P., et al.(2023). Immune Checkpoint Therapy—Current Perspectives and Future Directions. *Cell, 186*(8), pp.1652~1669.

Waldman, A. D., et al.(2020). A Guide to Cancer Immunotherapy: From T Cell Basic Science to Clinical Practice. *Nature Reviews Immunology, 20*(11), pp.651~668.

Xie, N., et al.(2023). Neoantigens: Promising Targets for Cancer Therapy. *Signal Transduction and Targeted Therapy, 8*(1), 9.

Xu, Z., et al.(2021). Applying Artificial Intelligence for Cancer Immunotherapy. *Acta Pharmaceutica Sinica B, 11*(11), pp.3393~3405.

Yang, H., et al.(2025). Multimodal Deep Learning Approaches for Precision Oncology: A Comprehensive Review. *Briefings in Bioinformatics, 26*(1), bbae699.

Yoo, S.-K., et al.(2025). Prediction of Checkpoint Inhibitor Immunotherapy Efficacy for Cancer Using Routine Blood Tests and Clinical Data. *Nature Medicine, 31*, pp.869~880.

07
AI 기반 디지털 헬스케어

AI는 현대 의료를 혁신하고 있다. 웨어러블 장치와 원격 의료 기술의 발전은 실시간 건강 데이터 분석을 통해 개인화된 건강 관리와 질병 예방의 가능성을 열고 있다. 이는 환자의 자율성을 높이고, 의료 서비스 효율성을 향상하며, 예방 중심 의료 체계로의 변화를 앞당긴다.

AI와 운동주?

AI와 웨어러블 기기의 융합

현재 달라진 생활 방식과 고령화로 인해 고품질 의료 서비스 수요가 증가하고 있다. 웨어러블 기기는 심박수, 체온, 활동량 등 다양한 생체 신호를 지속적으로 모니터링할 수 있는 장치를 말한다. 최근에는 이러한 기기에 AI 기술이 접목되어 수집된 데이터를 실시간으로 분석하고, 이상 징후를 조기에 감지하여 사용자에게 경고를 제공하는 수준까지 발전했다(Zhang et al., 2023).

실시간 건강 모니터링

AI 기반 웨어러블 기기는 수집된 생체 데이터를 분석하여 사용자의 건강 상태를 실시간으로 평가한다. 예를 들어 심박수 변화를 감지하여 스트레스 수준을 추정하거나, 수면 패턴을 분석하여 수면의 질을 평가할 수 있다. 심부전 환자에서 활력 징후와 증상을 지속적으로 모니터링하여 악화 여부를 파악하고 치료 계획을 맞춤화하는 것은 이 질환의 관리에 도움이 될 수 있다. 최근 웨어러블 기술의 획기적인 발전은 심부전 환자 관리 환경에 혁명을 일으켰다(Odeh et al., 2024).

조기 질병 감지

AI는 웨어러블 기기를 통해 수집된 데이터를 기반으로 질병의 초기 징후를 감지할 수 있다. 예를 들어 존스홉킨스대 연구진은 간질 발작 추적을 위한 새로운 기술을 내놓았다. 애플(Apple)의 오픈 소스 소프트웨어 리서치 키트(ResearchKit)를 활용한 애플 워치용 초기 앱 에피워치(EpiWatch)다. 이 앱은 간질 환자들이 흔한 발작 유형을 감지하고 적시에 도움을 요청할 수 있도록 지원한다(Johns Hopkins Medicine, 2025).

원격 의료와 AI의 통합

원격 의료는 환자와 의료 전문가가 떨어져 있어도 의료 서비스를 제공하는 시스템이다. 이는 지리적 제약을 넘어 의료 접근성을 높이며, 특히 의료 자원이 부족한 지역에 필수적이다. AI는 원격 의료의 성능을 강화하는 핵심 요소로, 의료 데이터를 분석해 진단 정확성을 높이고 실시간 모니터링으로 환자 상태를 즉각 탐지한다. AI는 효율성과 신뢰성을 극대화하며 현대 의료 서비스를 혁신하고 있다.

원격 환자 모니터링

AI 기술은 방대한 의료 데이터를 처리하여 빠르고 정확한 진단을 가능하게 하고, 원격 진료는 외딴 지역 환자와 의료 제공자를 연결하여 접근성을 높인다. AI와 원격 진료의 통합은 실시간 의사 결정을 지원하고 임상 결과를 개선하며, 의료 서비스 격차를 줄이고 농촌 지역의 의료 질을 향상하여 소외 계층의 건강 결과를 개선할 가능성이 크다(Perez et al., 2025).

가상 진료 및 상담

미국에서 의사들은 진료 예약(78%), 의료 시설 검색(76%), 약물 정보 제공(71%) 등에서 챗봇을 긍정적으로 평가하고 있다. 2025년 4월 기준으로 미국 의료 그룹 병원의 약 19%가 환자 소통을 위해 챗봇이나 가상 비서를 도입했으며, 이는 디지털 의료의 증가 추세를 반영한다. 그러나 여전히 우려 사항이 남아 있다. 76%의 의사는 챗봇이 모든 환자 요구를 충족할 수 없다고 생각하며, 72%는 감정적 이해 부족을, 74%는 부정확한 자가 진단을 우려했다(Coherent Solutions, 2025).

개인 맞춤형 건강 관리의 실현

AI는 개인의 유전 정보, 생활 습관, 환경 요인 등을 종합적으로 분석하여 맞춤형 건강 관리 계획을 수립하는 데 활용한다. 이러한 접근 방식은 예방 중심의 의료 모델을 구현하는 데 핵심 역할을 하며, 개인화된 치료와 예방 전략을 통해 건강을 개선하고 질병 발생을 줄이는 데 기여한다. AI의 데이터 분석 능력은 환자의 특성과 필요에 맞춘 보다 효과적인 건강 관리 설루션을 제공할 수 있게 한다.

정밀 의료의 발전

AI는 유전체 데이터와 임상 데이터를 통합 분석하여 개인의 질병 위험도를 평가하고, 맞춤형 치료 전략을 제시한다. AI 알고리즘은 방대한 유전체 데이터를 분석하여 특정 치료에 대한 개인의 반응에 영향을 미치는 돌연변이와 변이를 식별한다. 예를 들어 종양학 분야에서 AI는 표적 항암 치료에 반응하는 특정 유전자 마커를 찾아내는 데 도움을 준다. 이러한 접근 방식은 치료 효과를 높이고 부작용 위험을 최소화하여 환자에게 더욱 효과적이고 안전한 치료 계획을 제공한다(Varnosfaderani & Forouzanfar, 2024).

생활 습관 개선 지원

AI는 사용자의 일상적인 생활 패턴을 정밀하게 분석함으로써, 보다 건강한 생활 습관을 형성할 수 있도록 효과적으로 지원한다. 예를 들어 퍼스널 헬스 내비게이터(Personal Health Navigator)와 같은 AI 기반 시스템은 사용자의 활동량, 식습관, 수면 패턴, 스트레스 지수 등의 다양한 생체 및 행동 데이터를 실시간으로 수집하고 분석한다. 이러한 데이터를 바탕으로, 사용자의 현재 건강 상태와 목표에 맞춘 개인 맞춤형 건강 조언과 행동 가이드라인을 제공한다. 이 AI는 단순한 정보 전달을 넘어, 사용자가 건강한 루틴을 자연스럽게 실천할 수 있도록 동기 부여 알림, 성과 추적, 비정상적 패턴 경고 등의 기능을 함께 제공하여 일상 속 건강 관리를 체계적으로 도와준다.

AI 진단 앱 사례

실제로 AI를 이용한 여러 가지 진단 앱이 개발되었으며 진단 프로세스에 혁신을 불러일으키고 있다. 다음은 대표적인 사례들이다(TechnologyAlly, 2024).

IBM 왓슨: 종양학 데이터 분석과 의사 결정

IBM의 종양학 AI 왓슨(Watson for Oncology)은 인지 컴퓨팅 기반의 대표적인 의료 AI 시스템으로, 수백만 건에 이르는 방대한 종양학 관련 논문, 임상 가이드라인, 환자 기록 데이터를 빠르게 분석하고 요약한다. 이를 통해 종양학자들은 각 환자의 유전적 정보, 병기, 병력 등을 고려하여 보다 정밀하고 과학적인 개인 맞춤형 치료 계획을 수립할 수 있다. 특히 왓슨은 환자 상태에 따라 최적의 항암제 조합, 임상 시험 정보, 예후 데이터를 제시함으로써 의사 결정 시간을 단축하고, 치료의 일관성과 객관성을 높이는 데 기여한다.

구글 딥마인드: 신장 손상 예측

구글의 딥마인드(DeepMind)는 AI를 활용하여 환자 데이터에서 발생할 수 있는 위험 신호를 조기에 포착하는 데 중점을 둔다. 대표적으로 병원 내 입원 환자의 급성 신장 손상(AKI) 발생 가능성을 예측하는 알고리즘을 개발했다. 이 모델은 전자의무기록(EMR), 검사 수치, 생체 신호 등 다양한 임상 데이터를 실시간으로 분석하여 급성 신장 손상 발생 수 시간 전에 경고를 제공할 수 있다. 덕분에 임상의들은 환자 상태가 악화되기 전에 예방적 조치와 맞춤형 치료 개입을 수행할 수 있어, 신장 기능 손상으로 인한 합병증과 사망률을 줄이는 데 도움을 준다.

패스AI: 병리 진단의 발전

패스 AI(PathAI)는 병리학 이미지를 분석하는 데 특화된 AI 플랫폼으로, 병리학자의 판독 정확도를 높이는 데 기여하고 있다. 이 시스템은 생검(Biopsy) 샘플에서 암세포나 염증성 병변의 존재를 신속하고 정확하게 식별하며, 특히 암 진단에서의 병기(病期) 분류 및 경계가 모호한 병변 구분에 탁월한 성능을 보인다. AI는 수천 개의 병리 이미지로 훈련되었기 때문에 인간 병리학자가 간과할 수 있는 미세 병변도 감지할 수 있어, 보다 신뢰도 높은 진단을 가능하게 하며 진단 오류 감소에 기여한다.

제브라 메디컬 비전: 방사선 영상 통찰력

제브라 메디컬 비전(Zebra Medical Vision)은 방사선 영상 분석 분야에 특화된 AI 설루션으로, CT, 엑스레이, MRI 등 다양한 의료 영상에서 질환을 조기에 식별하도록 지원한다. 이 플랫폼은 심혈관 질환, 폐 질환, 골다공증, 간질환 등 40개 이상의 질환에 대한 알고리즘을 보유하고 있으며, 영상 판독의 정확도 향상 및 시간 단축에 중요한 역할을 한다. 의료진은 제브라의 분석 결과를 참고하여 영상 이상 소견에 대한 객관적 해석을 추가로 확보할 수 있으며, 환자 예후에 대한 선제적 대응이 가능해진다.

드리메드 당뇨: 개인 맞춤형 당뇨병 관리

드리메드 당뇨(DreaMed Diabetes)는 AI를 활용해 당뇨병 환자의 혈당 수치, 식사 패턴, 인슐린 투여량 등 데이터를 분석하고, 이를 바탕으로 개인화된 인슐린 조절 계획을 제공하는 스마트 헬스케어 시스템이다. 기존의 당뇨병 관리는 환자 스스로 수치를 기록하고 의사가 수동으로 조정했지만, 드리메드는 실시간 데이터를 기반으로 혈당 변화를 예측하고, 적절한 인슐린 용량 조절을 자동 제안한다. 이를 통해 저혈당 및 고혈당 발생 가능성을 줄이고, 환자의 삶의 질과 자율적 관리 능력을 높이는 데 기여한다.

AI 헬스케어의 미래 전망과 해결 과제

AI 기반 헬스케어 시스템은 의료 분야의 혁신을 주도하고 있다. 특히 웨어러블 기기, 원격 의료, 정밀 의학 분야에서 AI의 활용은 질병 예방과 조기 진단, 개인 맞춤형 치료 계획 수립에 기여하고 있다. 아울러 의료 자원의 효율적 분배를 통해 시스템 전반의 생산성 향상도 기대된다.

AI는 의료 서비스의 접근성 확대에도 중요한 역할을 하며, 원격 의료는 지리적 제약을 극복하고 의료 소외 계층에 서비스를 제공할 수 있는 기반을 마련하고 있다. 이는 특히 고령화 사회에서 만성 질환 관리에 유용하다.

데이터 보안과 개인 정보 보호

AI는 방대한 건강 데이터를 다루기 때문에 보안이 핵심 과제이며, 이를 해결하기 위해 데이터를 중앙에 모으지 않고도 여러 AI가 공동으로 학습하는 연합 학습(Federated Learning) 기술을 도입하고 있다. 이 기술은 데이터 유출 위험을 줄이면서 협력적 머신 러닝 모델을 가능하게 한다.

디지털 격차 해소

AI 헬스케어의 혜택이 불균형하게 분배되지 않도록, 디지털 인프라 접근성과 디지털 리터러시 격차를 해소하는 것이 중요하다. 저소득층과 고령자를 위한 기기 보급 및 교육 프로그램이 필요하다.

구현을 위한 고려 사항

AI 헬스케어가 지속적으로 발전하기 위해서는 데이터 보호, 기술 접근성 향상, 그리고 유럽 연합 일반 정보 보호 규정(GDPR), 미국 의료 정보 보호법(HIPAA)과 같은 규제 준수가 중요하다.

참고문헌

TechnologyAlly(2024). 28 Best AI Medical Diagnosis Apps in 2024(2024). TechnologyAlly. https://www.technologyally.com/blog/ai-medical-diagnosis-apps/

Coherent Solutions(2025). How AI Chatbots Advance Healthcare for Patients and Providers. https://www.coherentsolutions.com/insights/how-ai-chatbots-advance-healthcare-for-patients-and-providers

Johns Hopkins Medicine(2025). EpiWatch App Records Seizure Data Using Apple Watch. https://www.hopkinsmedicine.org/news/articles/2015/12/epiwatch-app-records-seizure-data-using-apple-watch

Varnosfaderani, S. M. & Forouzanfar, M.(2024). The Role of AI in Hospitals and Clinics: Transforming Healthcare in the 21st Century. *Bioengineering, 11*(4), 337.

Odeh, V. A., et al.(2024). Recent Advances in the Wearable

Devices for Monitoring and Management of Heart Failure. *Reviews in Cardiovascular Medicine, 25*(10), 386.

Pati, S., et al.(2024). Privacy Preservation for Federated Learning in Health Care. *Patterns, 5*(7).

Perez, K., et al.(2025). Investigation into Application of AI and Telemedicine in Rural Communities: A Systematic Literature Review. *Healthcare. 13*(3), 324, DOI: 10.3390/healthcare13030324

Yu, J., et al.(2024). Navigating the Digital Landscape: Challenges and Barriers to Effective Information Use on the Internet. *Encyclopedia, 4*(4), pp.1665~1680.

Zhang, Y., et al.(2023). Wearable Artificial Intelligence Biosensor Networks. *Biosensors and Bioelectronics, 219*, 114825.

08
AI와 로봇 수술

의료 기술의 발전은 환자 치료의 질을 획기적으로 끌어올렸다. 특히 AI와 로봇 공학의 융합은 외과 수술에 혁신을 일으키며, AI 기반 로봇 수술 시스템은 고해상도 영상 분석과 실시간 데이터 피드백을 활용해 수술 정밀도를 극대화하고, 최소 침습적 접근으로 환자의 회복 속도를 향상한다. 이러한 기술은 수술 정확성을 높이고, 회복 기간을 단축하며 의료진의 부담을 완화한다.

AI와 한의학?

AI 기반 로봇 수술의 개요

AI 기반 로봇 수술은 AI 알고리즘과 로봇 기술을 결합하여 수술을 수행하는 방식이다. 이 시스템은 수술 중 실시간 데이터를 분석하여 수술 계획을 최적화하고, 로봇 팔을 제어해 정밀한 수술을 가능하게 한다. 고해상도 영상 분석을 통해 수술 부위를 정확히 식별하고, 필요한 조치를 즉각적으로 취할 수 있다(Liu et al., 2024). AI 알고리즘은 의료 데이터를 활용해 수술 부위와 주변 조직을 식별하고, 로봇 팔은 이를 기반으로 정확한 수술을 진행한다. 이러한 기술은 수술의 정확도를 높이고, 회복 시간을 단축시키며 환자에게 더 안전한 치료를 제공한다.

AI 로봇 수술의 5단계 구분

AI 기반 로봇 수술 시스템은 자율성에 따라 다음과 같이 다섯 가지 단계로 나눌 수 있다(Liu et al., 2024).

- Level 0: No Automation(전통적 수술)

모든 수술 작업은 인간 의사가 수행하며, 이는 개방형 수술, 복강경 수술, '마스터-슬레이브' 로봇 수술 방법을 포함한다. AI나 로봇 기술은 사용되지 않는다.

- Level 1: Some Assistance(일부 지원)

수술 중 일부 보조 기술이 제공된다. 예를 들어 수술 중 이미지 유도나 증강 현실 렌더링 등이 사용되지만, 인간 의사가 여전히 모든 수술 작업을 수행한다.

- Level 2: Partial Automation(부분 자동화)

인간 의사가 여전히 수술의 대부분을 수행하지만, AI 또는 로봇이 수술 과정의 일부를 자동으로 수행하여 인간의 개입을 최소화한다. 예를 들어 AI가 수술 부위를 식별하거나 수술 도구를 지원하는 단계다.

- Level 3: Conditional Automation(조건부 자동화)

특정 절차에서는 AI나 로봇이 인간의 설정에 따라 자동으로 작업을 수행할 수 있다. 예를 들어 로봇이 설정된 깊이에 맞춰 자동으로 뼈를 드릴링하거나, 일부 수술 절차에서 인간 의사의 개입 없이 작업을 수행한다.

- Level 4: High Automation(고도 자동화)

AI와 로봇은 대부분의 복잡한 수술 절차를 수행할 수 있으며, 최소한의 인간 개입만 필요하다. 예를 들어 자동화된 피부 봉합이나 림프절 절제와 같은 작업을 로봇이 수행한다.

- Level 5: Complete Automation(완전 자동화)

로봇이 모든 수술 결정을 내리며, 인간의 개입 없이 긴급한 수술도 수행할 수 있다. 예를 들어 우주 비행 중 급성 담낭 절제술을 로봇이 독립적으로 수행할 수 있는 단계다. 이 단계에서는 수술의 모든 과정이 자동으로 이루어진다.

AI 로봇 수술의 자율성은 점차 확대되고 있으며, 수술의 효율성과 정확도를 높이는 중요한 요소로 작용한다.

AI 로봇 수술의 주요 기술 요소와 현황

1) 영상 분석

고해상도 카메라와 첨단 AI 알고리즘을 결합하여 수술 부위를 실시간으로 정밀하게 분석한다. 이러한 기술은 수술 중 복잡한 해부학적 구조를 고도로 선명한 화질로 포착하며, 중요한 신경, 혈관, 조직과 같은 구조물을 정확히 식별해 낸다. 나아가 AI는 단순한 식별을 넘어 이상 징후나 잠재적 위험을 조기에 탐지하여 수술의 성공률을 높이는 데 기여한다. 가브리엘라 루스(Gabriela Rus) 등은 출혈을 정확하게 식별하도록 훈련된 욜로 버전 5(YOLO v5) 알고리즘을 활용했다(Rus et al., 2023). 출혈이 감지되면 홀로렌즈2(Hololens2) 기기를 통해 의료진에게 출혈 발생 위치와 원인을 실시간으로 전달한다. 이러한 실시간 AI 영상 분석은 고위험 수술에서 외과의를 지원하는 효과적인 도구로 활용될 수 있다.

2) 실시간 데이터 피드백

수술 과정에서 수집되는 다양한 생체 신호(예: 심박수,

혈압, 산소 포화도)와 고해상도 영상 데이터를 실시간으로 통합 및 분석하여 의료진에게 즉각적인 피드백을 제공한다. 이러한 데이터 기반 접근법은 수술 계획을 동적으로 조정할 수 있게 하며, 예기치 않은 상황이나 위험 요소를 사전에 감지하여 적절한 대응을 가능하게 한다(Asciak et al., 2025). 예를 들어 특정 부위의 혈류 변화나 조직 손상 가능성을 실시간으로 경고함으로써 의료진이 즉각적으로 수술 전략을 수정하거나 추가 조치를 취할 수 있도록 지원한다. 이 과정은 수술의 안전성을 극대화하고, 환자의 예후를 개선하는 데 중요한 역할을 한다.

3) 로봇 제어

로봇 개발에서 가장 큰 도전 과제는 인간의 손이 가진 섬세한 움직임과 촉각 피드백을 모방하는 일이다. 인간의 손은 복잡한 움직임과 섬세한 감각을 통해 정밀한 작업을 해 내는데, 이를 기계로 재현하려면 머신 러닝, 센서 기술, 생체 모방 공학의 발전이 필수적이다(Huang et al., 2025).

하지만 의료 분야, 특히 수술 환경에서는 이런 어려움이 다소 줄어든다. 집도의는 직접 손을 쓰기보다는 수술 도구를 사용하기 때문에, 로봇 시스템은 인간의 손을 완벽히 흉내 내지 않아도 도구 조작에 맞춘 설계로 충분히 효과를 발휘할 수 있다. 의료 로봇은 정밀한 기계 제어와 AI 기술을 통해 수술의 정확성과 안정성을 높이고, 집도의의 능력을 한층 강화한다. 덕분에 기술적 한계를 넘어서며 AI 의료 로봇이 임상 환경에 빠르게 자리 잡을 가능성이 크다.

더불어 AI 알고리즘을 활용해 로봇 팔의 움직임을 초정밀하게 제어하면 최소 침습 수술이 가능해진다. 이런 시스템은 인간의 손으로는 어려운 미세한 조작을 수행하며, 수술 중 떨림이나 불필요한 움직임을 없애 절개 부위를 최소화하고 주변 조직 손상을 방지한다. 게다가 AI는 실시간 데이터를 반영해 로봇의 동작을 계속 최적화하여 복잡한 수술 과정을 더 효율적이고 안전하게 만들어 준다(Iftikhar et al., 2024). 이를 통해 환자는 수술 후 통증과 흉터를 줄이고, 더 빠른 회복을 경험할 수 있으며, 의료진은 보다 정교한 기술적 작업에 집중할 수 있는 환경이 조성된다.

AI 기반 로봇 수술의 임상 적용 사례

AI 로봇 수술 시스템은 미세한 움직임을 제어하여 기존 수술 방식에서는 불가능했던 정밀한 절개와 봉합을 가능하게 하며, 환자의 출혈량을 줄이고 수술 후 통증을 최소화하는 데 기여한다. 정형외과, 신경외과, 비뇨기과를 포함한 다양한 임상 분야에서 로봇 보조 수술은 정확도와 안전성을 획기적으로 향상하고 있다.

정형외과 수술

AI는 환자의 해부학적 구조와 병력 등을 기반으로 정형외과 수술 접근법을 개인화할 수 있는 잠재력을 가지고 있으며, 이는 각 환자에 맞는 임플란트 선택과 수술 기법 최적화를 포함한다. 인공 관절 전(全) 치환술에 AI 기반 로봇 수술을 적용한 결과, 임플란트 위치가 개선되었고 장기적인 합병증 발생률이 감소한 것으로 나타났다 (Iftikhar et al., 2024).

신경외과 수술

신경외과에서는 AI 기반 로봇 수술이 뇌종양 제거와 같은 복잡한 수술에서 정밀한 수술을 가능하게 하여, 신경 손상의 위험을 최소화하고 있다. 또한 실시간 영상 분석을 통해 수술 중 중요한 구조물을 식별하고, 수술 경로를 최적화할 수 있다(Tangsrivimol et al., 2023).

비뇨기과 수술

비뇨기과에서 로봇 보조 수술 시 머신 러닝은 수술 기술 피드백과 예측을 향상하며, 로봇 팔의 장력 센서와 증강현실 기술은 실시간 장기 움직임 모니터링을 통해 정밀도와 정확도를 높인다. 이로 인해 비뇨기과 수술의 안전성과 효율성이 개선되어 환자에게 더 나은 치료 결과를 제공한다(Bellos et al., 2024).

외과 수술 교육 및 훈련

디지털 트윈 복제와 AI 기술을 활용하면 임상의가 안전한 환경에서 복잡한 수술 절차를 가상으로 연습할 수 있다. 이 시스템은 종양학 수술과 장기 보존 기술에서 효과 개선 가능성이 크다. 또한 임신 및 태아 수술과 같은 실제로는 불가능한 사례를 실험할 플랫폼을 제공하며, 수술 절차의 표준화에도 기여한다. 이를 통해 전 세계 전문가들이 정보를 쉽게 접근할 수 있게 된다(Asciak et al., 2025).

AI 기반 로봇 수술의 한계

AI 기반 로봇 수술은 AI의 고도화된 학습 능력과 데이터 처리 기술을 통해, 수술 중 실시간으로 최적화된 결정을 내리고, 예측 불가능한 상황에도 즉각적으로 대응하는 것이 가능하게 만든다. 그러나 이러한 첨단 기술의 도입에는 여전히 해결해야 할 여러 과제가 존재한다.

높은 비용

AI 기반 로봇 수술 시스템을 개발하고 구현하려면 초기 구매 비용, 지속적인 유지 관리, 인프라 업그레이드 등 많은 비용이 소요된다. 특히 자원이 부족한 소규모 병원과 의료 기관의 재정적 부담이 크다. 이는 기술의 보급을 제한하는 요인 중 하나다(Iftikhar et al., 2024).

기술적 한계

현재의 AI 알고리즘은 여전히 복잡한 수술 상황에서 예측과 판단에 한계가 있다. AI는 훈련된 데이터에 의존하여 작동하기 때문에 예측 불가능한 응급 상황이나 비정상적인 조건이 발생하면 시스템이 적절한 대응을 하지 못할 수 있다. 이를테면 수술 중 예상치 못한 출혈이나 기계적 고장과 같은 돌발 상황에 직면했을 때, AI 로봇은 그 상황을 즉각적으로 인식하거나 적절한 대응을 하기 어렵다. 이로 인해 문제가 발생할 가능성이 존재하며, 이러한 한계는 AI 로봇 수술의 신뢰성에 큰 영향을 미친다. 또한 로봇 시스템의 정밀한 제어와 안정적인 작동을 위해서는 매우 높은 수준의 기술력과 장비가 필요하다. 이는 고도의 전문 지식을 가진 엔지니어와 의료진이 협력하여 시스템을 관리해야 함을 의미하며, 시스템의 유지 보수와 업그레이드를 위해 상당한 비용과 자원이 소요될 수 있다(Lee & Yang, 2024). 따라서 AI 로봇 수술의 기술적 한계를 극복하기 위한 지속적인 연구와 개발이 필수적이다.

윤리적 문제

AI 기반 로봇 수술의 도입은 예상치 못한 의료 사고가 발생할 가능성을 내포하며, 이는 의료진의 역할 변화와 관련된 윤리적 문제를 야기할 수 있다. 로봇이 수술을 진행하는 과정에서 문제가 발생하면 이 문제의 책임을 누구에게 돌릴 것인가에 대한 논의가 필요하다. AI가 실수를 했을 경우, 그 책임을 개발자, 로봇 시스템의 운영자, 혹은 실제 수술을 수행한 의료진 중 누가 맡게 될 것인지 명확히 해야 한다. 이는 의료 윤리의 중요한 문제로, 기술이 인간의 역할을 대체하는 상황에서 그 책임의 범위를 규명하는 일이 중요하다. 아울러 로봇 수술이 의료진의 기술적 능력에 영향을 미치고, 결국 의사의 수술 경험이 부족해질 위험이 존재한다. 이는 의료진의 직업 만족도와 정신적, 신체적 소진에도 영향을 미칠 수 있다. 이러한 윤리적 문제를 해결하기 위해서는 수술 중 발생할 문제에 대한 명확한 지침을 마련하고, AI 로봇 수술에 관련된 책임 소재를 법적, 윤리적 관점에서 명확히 규명해야 한다(Pressman et al., 2024).

AI 기반 로봇 수술의 미래 전망과 해결책

AI 기반 로봇 수술 기술은 앞으로 의료 분야에서 혁신적인 변화를 일으킬 것으로 기대된다. 이 기술은 수술의 정확도를 크게 향상하고, 최소 침습적 접근을 통해 환자의 회복 시간을 단축할 수 있는 잠재력을 가진다. AI 로봇 수술 시스템은 수술의 효율성을 높이고, 환자의 신체적 부담을 줄이며, 의료진의 업무를 지원하는 중요한 도구로 자리 잡을 것이다. 나아가 AI와 로봇 공학의 융합은 복잡한 수술을 자동화하고, 고도화된 정밀도를 제공함으로써, 의료 서비스의 질적 향상뿐만 아니라, 의료 비용 절감에도 기여할 것이다.

AI 기반 로봇 수술의 미래 발전을 위해서는 몇 가지 중요한 해결책이 필요하다. 첫째, 기술의 발전과 함께 비용 절감을 위한 노력도 지속적으로 이루어져야 한다. 이는 대규모 생산과 가격 경쟁력을 확보하는 방식으로 해결할 수 있으며, 정부와 민간 부문의 협력이 필요하다. 둘째, 기술적 한계를 해결하기 위한 연구가 계속되어야 한다. AI 로봇 시스템이 다양한 수술 상황을 처리할 수 있도록, 더 많은 데이터를 학습하고 개선하는 과정이 필요하다. 셋째, 윤리적 문제를 해결하기 위한 법적, 규제적 접근이 필요하다. AI 시스템의 책임 소재와 데이터 보호 문제를 명확히 하고, 의료진과 AI 간의 협력을 강화하는 윤리적 가이드라인이 마련되어야 한다. 마지막으로, 의료진의 교육과 훈련이 필수적이다. AI와 로봇 기술을 효과적으로 활용하려면, 의료진이 지속적으로 교육을 받아야 하며, 이를 통해 AI 로봇 수술이 환자 치료에 실질적으로 기여할 수 있도록 해야 한다.

참고문헌

Asciak, L., et al.(2025). Digital Twin Assisted Surgery, Concept, Opportunities, and Challenges. *npj Digital Medicine, 8*(1), 32.

Bellos, T., et al.(2024). Artificial Intelligence in Urologic Robotic Oncologic Surgery: A Narrative Review. *Cancers, 16*(9), 1775.

Huang, Y., et al.(2025). Human-Like Dexterous Manipulation for Anthropomorphic Five-Fingered Hands: A Review.

Biomimetic Intelligence and Robotics, 5(1), 100212.
Iftikhar, M., et al.(2024). Artificial Intelligence: Revolutionizing Robotic Surgery. *Annals of Medicine and Surgery, 86*(9), pp.5401~5409.
Knudsen, J. E., et al.(2024). Clinical Applications of Artificial Intelligence in Robotic Surgery. *Journal of Robotic Surgery, 18*(1), 102.
Lee, D. Y. & Yang, H. J.(2024). Artificial Intelligence for Autonomous Robotic Surgery in Urology: A Narrative Review. *Urogenital Tract Infection, 19*(3), pp.80~88.
Liu, Y., et al.(2024). Evolution of Surgical Robot Systems Enhanced by Artificial Intelligence: A Review. *Advanced Intelligent Systems, 6*(5), 2300268.
Pressman, S. M., et al.(2024). AI and Ethics: A Systematic Review of the Ethical Considerations of Large Language Model Use in Surgery Research. *Healthcare. 12*(9), 956. https://doi.org/10.3390/healthcare12090956
Rus, G., et al.(2023). Artificial Intelligence-Based Hazard Detection in Robotic-Assisted Single-Incision Oncologic Surgery. *Cancers, 15*(13), 3387.
Tangsrivimol, J. A., et al.(2023). Artificial Intelligence in Neurosurgery: A State-of-the-Art Review from Past to Future. *Diagnostics, 13*(14), 2429.

09
정밀 의료와 AI의 경제적 영향

정밀 의료와 AI의 결합은 현대 의료 분야에서 혁신적인 변화를 불러일으키고 있으며, 이는 경제적 측면에서도 중요한 영향을 미치고 있다. AI는 대규모 의료 데이터를 신속히 분석하여 질병 예측 및 조기 진단을 가능하게 하며, 이는 의료 비용 절감과 환자 치료의 질 향상으로 이어진다.

AI와 화장품?

AI의 질병 예측 및 조기 진단으로 의료비 감소

AI와 정밀 의료의 통합은 질병 예측 및 조기 진단을 가능하게 함으로써 의료비를 크게 절감하는 데 기여한다. AI 시스템은 방대한 양의 의료 데이터를 신속하고 정확하게 분석하여 질병이 심각해지기 전에 건강 위협을 식별할 수 있다. AI 알고리즘은 영상 데이터, 유전자 데이터, 전자 건강 기록을 통해 암이나 심혈관 질환과 같은 질병의 초기 징후를 탐지할 수 있다(Khanna et al., 2022). 예를 들면 대부분의 심혈관계 질환과 그 위험 요인은 상당한 유전적 요소를 포함한다. 이러한 유전적 요인은 주로 여러 유전자가 복합적으로 관여하는 다유전자성 기원으로 나타나며, 웨어러블 기술을 통해 수집된 라이프스타일 데이터와 전자 건강 기록(EHR)의 임상 데이터, 그리고 유전 데이터를 결합함으로써 개인 맞춤형 치료가 가능해진다. 이를 통해 심혈관 질환을 조기에 진단하고 보다 효율적으로 치료함으로써 환자의 삶의 질을 크게 향상할 수 있다(Krittanawong et al., 2022).

질환을 초기 단계에서 발견함으로써 환자는 종종 덜 침습적이고 비용이 적게 드는 치료를 받을 수 있으며, 이는 진행 단계에서 필요한 고비용 치료를 줄인다. 이러한 선제적 접근은 고가의 시술, 장기 입원, 장기 요양의 필요성을 최소화한다.

아울러 AI가 지원하는 조기 진단은 합병증 가능성을 낮추어 추가 비용 발생을 방지한다. 가령 암을 조기에 발견하면 간단한 외래 시술로 충분한 반면, 늦게 발견하면 광범위한 수술이나 화학 요법이 필요할 수 있다. AI 기술과 인프라에 대한 초기 투자는 상당하지만, 장기적으로는 절감된 의료비와 향상된 치료 결과로 상쇄될 것이다.

맞춤형 치료와 비용 절감

AI는 유전자 데이터를 활용한 맞춤형 치료를 통해 환자별 최적의 약물을 선정하여 치료 효과를 극대화하고, 부작용으로 인한 추가 비용을 줄인다. 유전자 분석을 통해 특정 암 환자에게 가장 효과적인 약물을 선택함으로써 치료의 성공률을 높이고, 불필요한 치료를 줄일 수 있다. 이러한 접근 방식은 환자의 삶의 질을 향상하고, 의료 비용을 절감하는 데 기여할 수 있다. 예를 들어 AI 학습을 활용한 유방암 관련 치료를 분석한 체계적 연구에 따르면(Sohrabei et al., 2024) 다양한 딥 러닝 기법을 활용한 17건의 연구는 치료 반응 및 예후 예측에서 만족스러운 결과를 얻어 개인 맞춤형 유방암 관리에 기여했다. 신경망과 클러스터링을 활용한 두 건의 연구는 환자 생존율 예측 및 유방 종양 분류에 적합한 지표를 제공했으며 한 건의 연구는 전이 학습을 활용하여 치료 반응을 예측했다. 머신 러닝 기법을 활용한 26건의 연구는 이러한 기법이 유방암 분류, 선별, 진단 및 예후를 개선할 수 있음을 보여 주었다.

이처럼 AI를 이용한 최적화된 치료를 제공함으로써 치료 효과를 극대화하고, 부작용으로 인한 추가 비용을 줄일 수 있으며, 의료 자원의 효율적 사용을 촉진하며, 전체 의료 시스템의 비용을 절감할 수 있다.

의료 자원의 효율적 배분

AI는 의료 자원의 효율적 배분을 지원하는 핵심 도구로 자리 잡고 있다. 병원 내에서 환자 흐름을 정확하게 예측하고, 의료진의 반복적인 업무를 자동화함으로써 전체적인 운영 효율성을 크게 향상했다. 이를 통해 의료 기관은 제한된 자원을 보다 효과적으로 활용할 수 있으며, 더 많은 환자에게 적시에 필요한 의료 서비스를 제공할 수 있는 여건을 마련한다. 예를 들어 AI는 환자의 입원 및 퇴원 패턴을 분석하여 병상 가용성을 최적화하고, 의료진의 스케줄을 효율적으로 조정하여 불필요한 대기 시간을 줄인다. 또한 AI 기술은 진료 예약 시스템을 개선하여 환자들이 더 빠르게 진료를 받을 수 있도록 돕고, 응급 상황에서의 자원 우선순위를 설정하는 데도 기여한다. 이처럼 AI는 의료 자원의 한계를 극복하고, 환자 중심의 의료 환경을 조성하는 데 중요한 역할을 하고 있다.

병원 운영 최적화

병원에서 AI 기반 기술의 활용 사례는 진료 연속성, 네트워크 및 시장 통찰력, 임상 운영, 임상 분석, 품질 및 안전, 가치 기반 진료, 보험금 지급, 기업 기능, 소비자 참여 등 총 9개 주요 영역에서 두드러지게 나타나고 있다. 특히 임상 운영 분야에서는 수술실의 수용력을 크게 향상하고, 임상 의료진의 소중한 시간을 절약하며, 공급망 관리의 최적화를 실현하는 다양한 사례들이 시범적으로 운영되고 있다. 병원은 AI를 통해 시술 · 수술에 대한 수요와 소요 시간을 더욱 정밀하게 예측하고 분석함으로써 최적의 수술실 운영 일정을 수립할 수 있게 되었다. 이로 인해 진료 시간의 효율성을 높이고, 환자들의 의료 서비스 접근성을 한층 개선할 수 있다. 또한 AI는 병원 내 자원 배분을 최적화하여 불필요한 지연을 줄이고, 의료진과 환자 모두에게 더 나은 경험을 제공하는 데 기여한다. 이러한 AI 기술의 적극적인 활용을 통해 병원은 연간 600억 달러에서 1200억 달러에 달하는 상당한 순 절감 효과를 거둘 것으로 전망한다(Sahni, 2023).

의사 그룹의 AI 혜택

의사 그룹은 AI 기술을 활용함으로써 진료 예약 미이행 문제를 효과적으로 해결하고, 번거로운 행정 업무의 부담을 크게 줄일 기회를 얻는다. AI는 환자의 예약 미이행 가능성을 사전에 예측하여, 이를 바탕으로 환자에게 선제적인 지원과 알림을 제공함으로써 예약 이행률을 높이는 데 기여한다. 이러한 접근 방식은 의료 시스템의 효율성을 높일 뿐만 아니라, 연간 200억 달러에서 600억 달러에 달하는 상당한 비용 절감 효과를 가져올 것으로 기대되고 있다(Pifer, 2023). 이와 더불어 AI를 통한 자동화된 기록 업데이트 기능은 의료진이 수작업으로 처리해야 했던 반복적인 문서 작업을 줄여 준다. 또한 최적화된 예약 시스템은 환자들의 대기 시간을 최소화하여 병원 내 운영 흐름을 원활하게 만든다. 의료진은 행정 업무에 소요되는 시간을 줄이고, 환자 진료와 같은 핵심적인 의료 활동에 더 많은 시간을 할애할 수 있게 된다. 결과적으로 AI는 치료 품질을 한층 더 향상하는 데 중요한 역할을 하며, 환자 만족도를 높이고 의료 서비스의 전반적인 신뢰도를 강화하는 데도 기여한다. 이러한 AI 기술의 도입은 의사 그룹이 보다 효율적이고 환자 중심적인 의료 환경을 조성하는 데 큰 도움이 되고 있다.

민간 보험의 혁신

보험사의 핵심 과제는 의료 서비스 제공자에게 비용을 지불하는 시기와 사전 승인 여부를 결정하는 청구 관리다. AI는 이전 청구 내역을 학습하고 의사의 진단서에서 정보를 추출하여 청구 오류를 파악하고 수정하는 데 도움을 준다. 이를 통해 비용과 행정 업무를 줄일 수 있으며 민간 보험사는 총비용의 약 7%에서 9%를 절감할 수 있다. 이는 향후 5년 이내에 연간 800억 달러에서 1100억 달러에 달하는 비용 절감 효과를 가져올 수 있다(Pifer, 2023).

병원 환경 지원 AI 플랫폼 사례

예를 들어 세인트 루크 병원에서는 병원 환경 지원 AI 플랫폼을 도입하여 문서화, 코딩, 임상 문서 개선, 환자 요약 작성과 같은 다양한 업무를 자동화하고 있다. 이 기술은 의료진이 반복적이고 시간이 많이 소요되는 행정 작업에서 벗어나도록 지원하며, 더 효율적인 업무 절차를 가능하게 한다. 그 결과 2024년 초부터 환자와 의료진의 대면 시간이 22.8% 증가하여 의료진이 환자와 더 많은 시간을 보내며 질 높은 진료를 제공할 수 있게 되었다. 이와 동시에, 문서 작업에 소요되는 시간은 38.8%나 감소하여 업무 부담이 크게 줄어들었다. 또한 근무 시간 외에 이루어지던 문서 작성 시간이 40.2% 줄어들면서 의료진의 워크-라이프 밸런스가 개선되었고, 근접 조우 시간도 30.3% 감소하여 불필요한 대기나 비효율적인 프로세스가 최소화되었다. 이러한 변화는 심각한 임상 피로도를 25% 감소시키는 놀라운 성과로 이어졌으며, 의료진의 소진 방지와 전반적인 업무 만족도 향상에 기여하고 있다(Ambience Healthcare, 2025).

의료 자가 진단 시스템

셀프서비스 애플리케이션은 효율적인 확장을 통해 비용 절감 효과를 가져올 수 있다. 소프트웨어는 한계 비용이 낮아 서비스 제공량을 쉽게 늘릴 수 있는 반면, 인력을 통한 서비스 확장은 상대적으로 비용이 많이 든다. 예를 들어 직원 수를 두 배로 늘려야 용량을 두 배로 늘릴 수 있다.

또한 셀프서비스 의료는 인프라 관련 비용에 긍정적

인 영향을 미친다. 의료 시설은 건설 및 유지 관리 비용이 높아 국가의 의료비 지출을 가중하는데, 셀프서비스 AI 도구는 일부 의료 기능을 의료 시설 없이도 인터넷 기반으로 수행할 수 있다. 이를테면 휴대폰 의료 앱은 주변 장치를 통해 맥박, 산소 수치, 혈압 등의 데이터를 수집할 수 있다. 의료 서비스를 의료 시설 밖에서 이행하면 시설에서 발생하는 추가 비용을 줄일 수 있다. 특히 미국 메디케어(노년층 대상 건강 보험)는 병원에서 제공되는 서비스에 대해 더 많은 비용을 지불하는 경우가 많다 (Coleman, 2024).

최근 의료 AI 셀프서비스 관련 업체가 급속히 늘어나고 있다. 예를 들면 1차 진료 업체인 포워드는 최근 2년 간 개발한 AI 기반의 셀프서비스 케어포드(CarePod)를 공개했다. 포워드는 지난 7년 동안 100명 이상의 1차 진료 임상의를 두고 19개 지역에 기술 기반 1차 진료소를 구축했다. 그리고 그들은 "의사 사무실이 존재해서는 안 된다"는 신념을 가지고 있다. AI 기반의 케어포드는 공항 수유실과 유사한 모양으로, 의사 사무실에서 제공하는 건강 진단과 치료 계획을 대중에게 직접 전달하여 사용자가 자신의 건강을 관리할 수 있도록 돕는다(Landi, 2023).

AI 정밀 의료의 미래 전망과 해결책

정밀 의료와 AI의 융합은 의료 시스템의 경제적 지속 가능성을 높이며, 전체 의료 비용 절감에 중요한 역할을 한다. AI는 질병 예측, 맞춤형 치료, 의료 자원의 효율적 배분 등 다양한 측면에서 의료 경제에 긍정적인 영향을 미친다.

정밀 의료와 AI 융합의 문제점

그러나 정밀 의료의 AI 도입에는 몇 가지 문제점이 존재한다. 첫째, AI 기술 도입에 필요한 초기 비용이 매우 높아 소규모 의료 기관이나 자원이 제한된 지역에서는 접근이 어려울 수 있다. 둘째, 데이터 프라이버시와 보안 문제는 여전히 큰 장벽으로 작용한다. 환자의 유전 정보와 건강 기록이 유출될 경우 심각한 윤리적, 법적 문제가 발생할 수 있다. 셋째, AI 시스템의 정확도와 신뢰성에 대한 우려가 존재하며, 잘못된 진단이나 치료 권고로 인해 환자에게 해를 끼칠 가능성도 배제할 수 없다.

해결책

이러한 문제점을 해결할 방안이 필요하다. 첫째, 정부와 민간 부문의 협력을 통해 초기 투자 비용을 분담하고, 소규모 의료 기관에 보조금이나 기술 지원을 제공하는 정책을 마련해야 한다. 둘째, 데이터 보안을 강화하기 위해 엄격한 규제와 암호화 기술을 도입하고, 환자 동의를 기반으로 한 데이터 사용 원칙을 철저히 준수해야 한다. 셋째, AI 시스템의 신뢰성을 높이기 위해 지속적인 테스트와 검증 과정을 거치며, 의료 전문가와의 협력을 통해 AI의 의사 결정을 보완하는 체계를 구축해야 한다.

참고문헌

Ambience Healthcare(2025.2.14). Ambience Healthcare and St. Luke's Health System Partner to Reduce Clinician Burnout and Increase Patient Face Time. Diagnostics World. https://www.diagnosticsworldnews.com/news/2025/01/15/ambience-healthcare-and-st-luke's-health-system-partner-to-reduce-clinician-burnout-and-increase-patient-face-time

Coleman, K.(2024). Lowering Health Care Costs Through AI: The Possibilities and Barriers. Paragon Institute. https://paragoninstitute.org/private-health/lowering-health-care-costs-through-ai-the-possibilities-and-barriers/

Khanna, N. N., et al.(2022). Economics of Artificial Intelligence in Healthcare: Diagnosis vs. Treatment. *Healthcare. 10*(12). DOI 10.3390/healthcare10122493

Krittanawong, C., et al.(2022). Artificial Intelligence and Cardiovascular Genetics. *Life, 12*(2), 279.

Landi, H.(2023). Primary Care Player Forward Unveils AI–Based, Self–Serve CarePods Backed by $100M Series E Round. Fierce Healthcare. https://www.fiercehealthcare.com/health–tech/primary–care–player–forward–unveils–ai–based–self–serve–carepods–backed–100m–investment

Pifer, R.(2023.1.26). Artificial Intelligence Could Save Healthcare Industry $360B a Year. Healthcare Dive. https://www.healthcaredive.com/news/artificial–intelligence–healthcare–savings–harvard–mckinsey–report/641163/

Sahni, N.(2023). What Happens When AI Comes to Healthcare. CEPR. https://cepr.org/voxeu/columns/what–happens–when–ai–comes–healthcare

Sohrabei, S., et al.(2024). Investigating the Effects of Artificial Intelligence on the Personalization of Breast Cancer Management: A Systematic Study. *BMC Cancer, 24*(1), 852.

10
AI 정밀 의료의 윤리적 쟁점과 의료 데이터 보안

AI의 발전은 정밀 의료 분야에서 맞춤형 치료와 개인화된 의료 서비스를 가능하게 하며 혁신적인 변화를 이끌었다. 그러나 이러한 기술 도입은 윤리적 문제를 일으킨다. 특히, 의료 데이터의 보안 문제는 환자 개인 정보 보호와 관련된 중요한 이슈로, AI의 활용이 확대됨에 따라 데이터 암호화와 프라이버시 보호 기술의 필요성이 더욱 강조되고 있다

종교와 AI?

AI와 정밀 의료

AI는 정밀 의료의 핵심 기술로, 유전자 분석, 의료 영상 처리, 환자 모니터링 등 다양한 분야에서 치료의 정확성을 높이고 환자 맞춤형 치료를 가능하게 한다. 하지만 이러한 발전은 여러 윤리적 문제를 동반한다. AI가 생성한 결과에 대한 책임 소재 불명확성과 환자 데이터 활용에서 발생할 수 있는 개인 정보 보호 문제는 중요한 논점이다(Mennella et al., 2024). AI의 결정이 의료진에 미치는 영향, 알고리즘의 투명성, 데이터의 윤리적 사용은 향후 AI 정밀 의료의 발전에 필수 요소다.

의료 데이터의 중요성과 보안 문제

의료 데이터는 개인의 민감한 정보를 포함하고 있어 보안이 매우 중요하다. 이 데이터에는 진료 기록, 유전자 정보, 생활 습관 등 다양한 정보가 포함되며, 유출 시 개인의 프라이버시 침해 및 심각한 피해를 초래할 수 있다. AI 기술이 의료 데이터를 분석하면서 유출 위험은 증가하고 있다. 예를 들어 유전자 분석이 외부로 유출되면 개인의 유전적 특성이나 질병 가능성이 공개되어 차별이나 불이익이 발생할 수 있다.

의료 데이터 침해 사례 및 증가 추세

의료 데이터 침해 사건은 꾸준히 증가하고 있으며, 이에 따른 피해도 심각하다. 2023년에는 미국 내 의료 데이터 유출 사건이 725건에 달하고, 해킹 관련 데이터 침해는 239% 증가했다. 2019년에는 전체 데이터 침해의 49%가 해킹에 의한 것이었으나, 2023년에는 79.7%가 해킹 사고로 발생했다(Alder, 2025).

랜섬웨어 공격 사례

미국에서 병원 재무와 의료 데이터 관리 전반을 다루는 브랜드인 체인지 헬스케어는 랜섬웨어 공격을 당했으며 이는 의료 시스템 역사상 가장 심각한 사이버 공격으로 평가되었다. 공격의 영향으로 병원의 74%가 환자 진료에 영향을 받았고, 94%가 재정적 손실을 겪었다. 이 사건으로 모기업 유나이티드헬스 그룹은 최대 16억 달러의 손실을 예상했다(Fry & 김타영, 2024).

의료 데이터 보호를 위한 조치

의료 데이터 침해를 방지하기 위해 암호화 기술, 데이터 익명화, 데이터 접근 권한 관리, 보안 시스템 등 다양한 보호 조치가 필요하다. 이러한 기술들은 데이터 유출과 해킹에서 의료 데이터를 보호하는 중요한 역할을 한다.

AI 기반 의료 데이터 암호화 기술

AI의 발전은 데이터 암호화 기술의 향상에 기여하고 있다. 암호화 기술은 의료 데이터를 안전하게 보호하고 외부 유출을 방지하는 데 중요한 역할을 한다. 의료 분야에서는 특히 환자의 개인 정보 보호가 가장 중요한 요소로 고려된다.

완전 동형 암호화

완전 동형 암호화(FHE, Fully Homomorphic Encryption)는 데이터를 암호화된 상태 그대로 처리할 수 있는 혁신적인 암호화 기술로, 데이터를 해독하지 않고도 그 상태에서 다양한 계산 및 분석 작업을 수행할 수 있도록 해준다. 이 기술은 데이터의 기밀성을 철저히 유지하면서도, 암호화된 데이터를 활용해 의미 있는 결과를 도출할 수 있는 강력한 장점을 제공한다. FHE를 사용하면 데이터가 외부로 노출될 위험 없이도 복잡한 연산이 가능해져, 보안성과 실용성을 동시에 충족할 수 있다. 예를 들어 FHE를 적용한 심전도(ECG) 데이터 분석에서는 수면무호흡증을 탐지하는 데 무려 99.56%라는 높은 정확도를 기록하며 그 효과를 입증했다(Kaiser, 2025). 이처럼 FHE는 의료 데이터를 포함한 민감한 정보의 안전한 처리와 분석을 가능하게 하여, 데이터 보안이 중요한 다양한 분야에서 점차 주목받는 기술로 자리매김하고 있다.

에지 컴퓨팅 AI 암호화

에지 컴퓨팅 환경에서는 데이터를 중앙화된 클라우드 서버로 전송하는 대신, 데이터가 생성되는 디바이스 자체에서 AI 모델을 직접 실행함으로써 데이터를 안전하게 보호하는 방식을 채택한다. 이 접근법은 데이터를 외부로 전송하지 않음으로써 데이터 유출의 위험을 줄이고, 민감한 정보가 불필요하게 노출되는 것을 방지하는 데 매우 효과적이다. 또한 에지 컴퓨팅은 데이터 보안과 개인 정보 보호를 한층 강화할 뿐만 아니라, 데이터를 원격 서버로 전송하는 과정에서 발생할 지연 시간을 대폭 단축하여 실시간 처리 성능을 향상한다. 더불어 클라우드 서버 사용에 따른 네트워크 비용과 데이터 전송 비용을 절감할 수 있어 경제적인 이점도 제공한다. 이러한 이유로 에지 컴퓨팅은 IoT(사물인터넷) 디바이스, 스마트 헬스케어, 자율 주행차 등 데이터 처리 속도와 보안이 중요한 다양한 분야에서 점차 널리 활용되고 있다(Singh &

Gill, 2023).

하이브리드 암호화 시스템

하이브리드 암호화 시스템은 대칭 암호화와 비대칭 암호화의 각각의 강점을 결합하여 데이터를 안전하고 효율적으로 암호화하고 전송하는 데 사용되는 고급 보안 방식이다. 대칭 키 암호화는 동일한 키(비밀번호)를 사용하여 데이터를 암호화하고 복호화하는 방식으로, 처리 속도가 매우 빠르고 연산 효율성이 높다는 장점이 있지만, 키를 안전하게 관리하고 공유하는 과정에서 보안 위험이 발생할 가능성이 존재한다. 반면, 비대칭 키 암호화는 공개 키와 개인 키라는 두 개의 서로 다른 키를 사용하는 방식으로, 키 분배 과정에서 보안성이 뛰어나지만 대칭 암호화에 비해 처리 속도가 느리고 연산 자원을 많이 소모한다는 단점이 있다. 하이브리드 암호화 시스템은 이러한 두 방식의 장점을 융합하여 설계되었다. 대칭 암호화를 통해 빠르고 효율적인 데이터 암호화를 수행하고, 비대칭 암호화를 통해 안전한 키 교환을 보장함으로써 보안성과 효율성을 동시에 극대화한다. 이 시스템은 실제로 많은 보안 프로토콜과 응용 프로그램에서 활용되며, 데이터 전송의 안전성을 유지하면서도 성능 저하를 최소화하는 데 큰 기여를 하고 있다(Zhang, 2021).

차등 개인 정보 보호

차등 개인 정보 보호(Differential Privacy)는 데이터 분석 과정에서 개별 데이터의 프라이버시를 보호하기 위해 고안된 기술로, 데이터에 일정 수준의 잡음(Noise)을 의도적으로 추가함으로써 개인을 식별할 수 없도록 만드는 방식을 사용한다. 이 기술은 데이터의 원본 정보를 직접적으로 노출하지 않으면서도 통계적 분석이 가능하도록 설계되어, 개인의 민감한 정보가 유출될 위험을 최소화한다. 차등 개인 정보 보호는 특히 대규모 데이터 세트를 다루는 환경에서 매우 유용하게 활용되며, 기업이나 연구 기관이 방대한 데이터를 분석하여 유의미한 결과를 도출하는 동시에 개인 정보 침해 우려를 줄일 수 있도록 지원한다. 예컨대 의료 데이터나 사용자 행동 데이터와 같이 민감한 정보를 포함하는 데이터 분석에 이 기술을 적용하면, 데이터의 유용성을 유지하면서도 개인의 프라이버시를 효과적으로 보호할 수 있다. 이러한 특성 덕분에 차등 개인 정보 보호는 데이터 기반 의사 결정과 개인 정보 보호라는 두 가지 목표를 동시에 달성할 수 있는 강력한 도구로 평가받는다(Dyda et al., 2021).

윤리적 문제 해결을 위한 정책과 규제

AI가 의료 분야에서 활용될 때 발생할 수 있는 개인정보 침해, 알고리즘 편향, 책임 소재 불명확성 등의 윤리적 문제를 해결하기 위한 정책과 규제는 매우 중요하다.

데이터 프라이버시 보호

의료 데이터는 민감한 정보이므로 유럽 연합 일반 정보 보호 규정(GDPR) 등 법적 규제를 통해 환자의 동의 없이 데이터를 사용하는 것을 금지하고, 데이터 유출 시 엄격한 처벌을 적용해야 한다. 미국 의료 정보 보호법(HIPAA)과 같은 의료 데이터 보호법도 강화하여 AI 시스템에서 데이터 보안을 보장해야 한다(Yadav et al., 2023).

알고리즘 공정성

AI가 특정 인종, 성별, 경제적 배경에 편향된 진단을 내리지 않도록 학습 데이터의 다양성을 확보하고, 알고리즘의 의사 결정 과정을 투명하게 공개하는 정책이 필요하다. 독립적인 감사 기관을 통해 AI 진단 결과의 공정성을 검증해야 한다.

책임 소재 명확화

AI가 잘못된 진단이나 치료 권고를 할 경우, 책임이 의사, 개발자, 또는 시스템 운영자 중 누구에게 있는지 명확히 하는 법적 가이드라인이 필요하다. '디자인 단계부터의 윤리성' 원칙을 통해 AI 개발 초기부터 윤리적 기준을 반영하도록 규제해야 한다(Mennella et al., 2024).

국제 협력

의료 AI는 전 세계적으로 사용되므로, 세계보건기구(WHO)나 유네스코의 AI 윤리 권고안을 기반으로 국제적 표준을 마련하고, 국가 간 의료 데이터 공유 시 윤리적 기준을 준수하도록 협력해야 한다(Ramos, 2025).

교육 및 인식 제고

의료 종사자와 AI 개발자를 대상으로 윤리적 문제에 대한 교육을 강화하고, 환자들에게 AI 사용에 대한 정보를 투명하게 제공하여 신뢰를 구축해야 한다.

보안과 윤리의 균형

AI 정밀 의료의 발전은 많은 가능성을 열어 주지만, 그 이면에는 많은 윤리적 과제가 있다. 데이터 보안과 프라이버시 보호는 AI 활용에서 가장 중요한 문제 중 하나다. AI가 생성하는 데이터와 결정이 환자에게 미치는 영향을 정확히 이해하고 이를 통제할 수 있는 시스템이 필요하다. 의료 데이터의 암호화와 차등 개인 정보 보호 기술들이 이러한 문제를 해결하는 데 중요한 역할을 할 것이다. 또한 법적, 정책적 규제가 AI의 윤리적 사용을 보장하는 데 중요한 역할을 해야 한다. 특히 AI 기반 정밀 의료에서 발생할 수 있는 윤리적 문제는 기술적 해결뿐만 아니라, 사회적 합의와 정책적 노력도 함께 이루어져야 한다.

발전 전망과 해결책

AI 기술의 고도화로 더 정교한 알고리즘과 머신 러닝 기술이 개발되어 편향 문제를 줄이고 정확한 진단을 가능하게 할 것이다. 보안 기술 강화로 블록체인과 암호화 기술이 의료 데이터 보호에 도입되어 데이터의 무결성과 보안을 보장할 수 있다. 규제 체계 마련으로 전 세계적으로 데이터 보호법과 AI 윤리 가이드라인을 강화하고 의료 데이터 사용에 대한 표준이 마련될 것이다. 이러한 윤리적 AI 기술의 발전은 의료 혁신을 가속화하고, 개인 맞춤형 치료를 가능하게 하며, 데이터 분석의 고도화를 통해 질병 예측과 치료 효과를 극대화할 수 있다. 기술 발전과 규제 강화로 AI와 의료 데이터 활용에 대한 신뢰가 높아져 사회적 수용성이 확대될 것이다.

참고문헌

Fry, E. & 김타영(2024). “미국 대형 의료기업에 닥친 ‘재앙적’ 해킹 사태”. 포춘코리아.
https://www.fortunekorea.co.kr/news/articleView.html?idxno=41019

Dyda, A., et al.(2021). Differential Privacy for Public Health Data: An Innovative Tool to Optimize Information Sharing While Protecting Data Confidentiality. *Patterns, 2*(12).

GDPR.eu(n.d.). Complete Guide to GDPR Compliance.
https://gdpr.eu/

HIPAA Journal(2025).
https://www.hipaajournal.com/healthcare-data-breach-statistics/

Kaiser, L.(2025). New Method to Analyze Safely Encrypted Medical Data Using AI. University at Buffalo.
https://www.buffalo.edu/ubnow/stories/2025/01/medical-data-encryption.html

Mennella, C., et al.(2024). Ethical and Regulatory Challenges of AI Technologies in Healthcare: A Narrative Review.

Heliyon, 10(4).

Ramos, G.(2025). Ethics of Artificial Intelligence. UNESCO. https://www.unesco.org/en/artificial-intelligence/recommendation-ethics

Singh, R. & Gill, S. S.(2023). Edge AI: A Survey. *Internet of Things and Cyber-Physical Systems, 3*, pp.71~92.

Yadav, N., et al.(2023). Data Privacy in Healthcare: In the Era of Artificial Intelligence. *Indian Dermatology Online Journal, 14*(6), pp.788~792.

Zhang, Q.(2021). An Overview and Analysis of Hybrid Encryption: The Combination of Symmetric Encryption and Asymmetric Encryption. 2021 2nd International Conference on Computing and Data Science(CDS).

고범석

울산대학교 서울아산병원 교수다. 울산대학교에서 의학박사 학위를 받았다. 대한의료인공지능학회, 대한3D프린팅융합의료학회 창립 멤버로 의료 인공지능과 의료 3D 프린팅 활용에 대해 연구하고 있다. 세계 최초로 '3D 프린팅 유방암 수술가이드'(2015)를 개발해 보건복지부장관상(2021)을 수상했으며, 정밀 수술을 위한 인공지능, 로봇, 3D 프린팅 기술 융합을 고도화하고 있다. 보건복지부 산하 전문평가위원회, 신의료기술평가위원회에서 위원장을 맡아 최신 의료 기술의 요양 급여 여부를 평가하고 있다. '맞춤형 수술가이드 및 맞춤형 수술가이드 생성 방법 및 생성 프로그램'(2018), '인체 주입용 보형물 및 그 제조 방법'(2018) 등 14개의 국내외 특허를 출원, 등록했다. 주요 저서로는 《AI와 의료 임상》(2024), 《의료 인공지능 백서》(2020), 《유방암 환자를 위한 치료 안내서 4~8편》(2010~2022) 등이 있다. "Use of the Da Vinci SP surgical system in robot-assisted nipple-sparing mastectomy: a single-center, retrospective study"(2025) 등 100편 이상의 논문을 SCI 등재 학술지에 게재했다.